Veel mensen weten niet wat een geboortetrust is. De kans is groot dat jij dit ook niet weet. Dat is normaal, want het is ook een vreemde term met een vage betekenis. Het kan toch echt niet waar zijn dat naast jouw geboorte acte, die je ouders ooit ontvingen van de gemeenteambtenaar, er ook nog zoiets als een geboortetrust bestaat? Sommige mensen hebben het aan hun gemeente gevraagd, maar ze kregen geen antwoord, doordat de gemeente- en overheidsambtenaren het meestal zelf ook niet wisten. En als ze het wel weten, dan zeggen ze het simpelweg niet. Het trust levert geld op voor de overheid en jij dient dat trust; dag in dag uit.

Elke dag wordt je een loer gedraaid en wordt er geld bij jou ontfutseld; vaak zonder dat je het zelfs weet. Jouw geld dat bij de overheid binnenkomt en waarvan heel veel wordt verdisconteerd ten behoeve van een zeer kleine elite; de allerrijksten op aarde. Vrijwel elke Euro die in vele belastingvormen door jou als dode entiteit vanuit je geboorte acte en burgerbestaan betaald wordt aan de overheid, bestaat naast de financiën, opgeleverd door jouw geboortetrust als levende entiteit op de internationale beurzen. Alles is dus bedoeld voor deze enkelingen. Hoe lang duld jij het arrogante, schaamteloze en respectloze gedrag van de overheid nog? Wanneer claim jij je leven terug? Wat kun je er precies aan doen? Dit handvest bevat alle benodigde inzichten, die jij daar in de basis voor nodig hebt, succes.

Een kind van de Schepper
is altijd vrij

vrijheid creëren in een wereld

van menselijke machtsstrijd

Colofon

Wilfred Bastiani	Auteur & Redigent; intuïtieve waardering
Saskia van de Riet	Corrigent & Redigent; punctuele zorgvuldigheid
Erik Hofstra	Redigent; logisch begripsvermogen

ISBN 9789083121765– NUR 740

Wizard of Oz

In deze symbolische metafoor staat Dorothy samen met haar hondje Toto voor het onbevangen spelende kind. De leeuw staat voor de koning der dieren, normaal gesproken vol van moed. De vogelverschrikker of stroman staat voor het domme werk, zonder er (eerst) over na te hoeven denken. En de robot staat tenslotte voor de mechanische omgang zonder emotionele empathie. De overeenkomst tussen hen drieën is het gemis aan zelfrespect. Daardoor zijn ze niet in staat een vrij leven te leven. De boze wereld die ze tijdens hun zoektocht aantreffen, is de overheid en uiteraard is de Tovenaar van Oz de Schepper zelf, die de magie; het licht van de vrijheid tijdens je geboorte al in je hart gelegd heeft. Je hoeft het alleen maar te ontdekken.

"Can you feel the brand new day?"

"Imagine there's no heaven, it's easy if you try.

No hell below us, above us only sky.

Imagine all the people living for today.

Imagine there's no countries, it isn't hard to do.

Nothing to kill or die for and no religion too.

Imagine all the people living life in peace.

You, you may say I'm a dreamer, but I'm not the only one.

I hope some day you'll join us and the world will be as one.

Imagine no possessions I wonder if you can.

No need for greed or hunger, a brotherhood of man.

Imagine all the people sharing all the world.

You, you may say I'm a dreamer, but I'm not the only one.

I hope some day you'll join us and the world will live as on".

John Lennon

"I believe that children are our future. Teach them well and let them lead the way. Show them all the beauty they possess inside. Give them a sense of pride to make it easier. Let the children's laughter remind us how we used to be.

Everybody's searching for a hero. People need someone to look up to. I never found anyone who fulfilled my needs. A lonely place to be. And so I learned to depend on me.

I decided long ago never to walk in anyone's shadow. If I fail, if I succeed, at least I lived as I believe. No matter what they take from me. They can't take away my dignity.

Because the greatest love of all is happening to me. I found the greatest love of all inside of me. The greatest love of all is easy to achieve. Learning to love yourself is the greatest love of all.

And if by chance that special place, that you've been dreaming of, leads you to a lonely place, find your strength in love".

Whitney Houston

Inhoudsopgave

Proloog

Moet je om de wet te begrijpen, een juridische opleiding volgen? Het antwoord is volmondig 'nee'. Het bewijs ligt voor je in de vorm van dit handvest; een handleiding, enchiridion of naslagwerk met een genuanceerde uiteenzetting aangaande dit specifieke onderwerp. Immers alle schrijvers hebben een compleet andere achtergrond qua opleiding en werkervaring. Wat zij wel gemeen hebben, is in eerste instantie het gezonde verstand. En een goed gevoel voor het menszijn en de menselijkheid erbinnen. Erik, Saskia en Wilfred hebben als goede bekenden van elkaar, besloten de handen ineen te slaan om uit te zoeken waarom de wetgeving zo vaak faalt in haar uitspraken. De meeste uitspraken hebben betrekking op de relatie tussen de mens als burger en de overheid als systeem.

Wat ligt er aan dit falen ten grondslag? Is het gelegen in het juridische systeem vanuit de bestaande wetgeving zoals alles is vastgelegd in diverse soorten wetboeken? Het antwoord hierop is net zo verrassend als wat de mensen zelf al aanvoelen. Elk systeem heeft de kwaliteiten en talenten van de mensen die dat systeem vertegenwoordigen. Wat is dan eigenlijk wel de onderliggende motivatie, waarom de ingezetenen van de overheden zo onzorgvuldig en zelfs corrupt met het rechtssysteem omgaan? Het antwoord is inmiddels triviaal; het gaat om geld! Niet voor de overheid zelf maar voor de allerrijksten op aarde; een zeer select groepje mensen. Het hele rechtssysteem is dusdanig ingericht dat het over handel gaat. In beginsel is dat niet verkeerd, maar wel als blijkt dat de wetgeving er eenzijdig mee omgaat; gebruikmakend van de enorme diversiteit die er middels vele nieuwe wetten en regels aan toe gevoegd is. Vanuit deze enorme complexiteit benadert de overheid de burger. Het is de zielloze burger die ondergeschikt is aan de overheid, maar niet de levende en bezielde mens; die staat 'boven deze wetten'. Dit is dus hoe het al decennia gaat en het coronabeleid is daar slechts een volgend instrument voor; het streeft via de vaccinaties algehele gehoorzaamheid van de burger jegens de overheid na. Is er iets aan te doen? Ja zeker. Dit handvest is daar het bewijs van.

Het legt vanuit 3 perspectieven de wetgeving uit. Het heeft alles met de zuiverheid van taal te maken. Zuiverheid van taal wat overeenkomstig is met de menselijke taal; die uit het hart. In onze voorbesprekingen over wat dit document nu eigenlijk is, kwam na lang zoeken dit van Griekse oorsprong term eruit; het enchiridion. Dit is de meest treffende term die de waarde vertegenwoordigt. Kijk je in de Dikke Van Dale, dan zal je het woord niet aantreffen; ook een vernederlandste vorm (via het Latijn) als het 'enchiridium' zal je daar niet aantreffen. En dat is vreemd, immers het oude Griekenland staat bekend als de bakermat van onder andere de Europese kennis en wijsheid. Dit woord – wat door Wilfred als taalvirtuoos verzonnen is, althans de Nederlandse variant – bestaat volgens Van Dale niet. Volgens ons wel; je leest immers wat je ziet. Zo is het ook met de wetgeving. Het is ingebed in gedefinieerde bewoordingen en in algemene zin wordt er aan termen eenduidigheid opgehangen. Als uitgangspunt is dat prima. Maar de praktijk laat zien dat perceptie een mens gerelateerde individuele aangelegenheid is. De gehele wetgeving is een woordenspel vanuit oude en soms verouderde definities geworden, dat in het nadeel van de mens uitpakt. Echter, zoals nu blijkt, kun je dat woordenspel zelf ook aangaan. Immers Van Dale zal beweren dat het woord niet bestaat. Wij als drietal mensen beweren van wel. Het bewijs ligt er immers; het is uitgeschreven en de ander leest het op voor zichzelf. Als iets niet zou kunnen bestaan, dan had de ander het niet kunnen waarnemen. Het betekent vrijwel altijd dat de ander simpelweg niet begrijpt wat de echte betekenis van dit of elk ander nieuw woord is. Men blijft 'hangen' in de letter van het woord en men vergeet in te voelen wat het woord eigenlijk wil vertellen aangaande diens diepere betekenis; 'de geest van het woord'.

In plaats van vanuit de open conversatie hierover helderheid te verkrijgen, vervalt de ander in de ontkenning. En met de ontkenning valt alles dood. Mensen die blijven ontkennen, hebben de grenzen van hun lerend groeipotentiaal of intelligentieontwikkeling bereikt. Ze zoeken veiligheid in dat wat wel bij hen bekend is en vallen daarbij terug op hun tribale emoties die aan veiligheid en overleven gekoppeld zijn; of wel de angst voor het onbekende. Dat onbekende kan natuurlijk ook een ander mens zijn met een eigen interpretatie van woorden en termen. Met andere woorden, vrije taalcreativiteit leidt tot intelligentie ontwikkeling en progressie van inzichten. De kracht van taal – en daarmee een enkel woord, de term of zelfs de definitie, regel of wet – ligt niet in de letter maar in de geest ervan. Het is de tegenovergestelde wereld van hoe de huidige wetgeving door de overheid en haar rechtbanken wordt geïnterpreteerd. De wetten van de Schepper dienen dan ook 'in de geest' of wel in en vanuit Zijn geest doorgrond, begrepen en toegepast te worden. Veel plezier naar een vrijer en onafhankelijker leven zonder de bemoeienis van een overheid, die helaas al jarenlang geleden het spoor bijster geraakt is als het om rechtspraak en menselijkheid gaat.

Samenvatting

Dit handvest of met een meer chiquer woord, het enchiridion zet de opbouw van de actuele wetgeving uiteen. De huidige maatschappij is dermate ingewikkeld geworden door haar differentiaties dat het lijkt dat als antwoord hierop ook het wettelijke systeem op de manier ingericht zou moeten worden of al ingericht is. Dat is slechts ten dele waar of eigenlijk nauwelijks. "*De hoogste mate van specifiekheid wordt vanzelf een universialiteit en elke universialiteit kenmerkt zich door de hoogste mate van specifiekheid*" (Wilfred – 2013). Het zit in de term dat – om iets te begrijpen – iets logisch is; iets in 1 woord te vangen is – het Griekse 'Logos'. Andersom geredeneerd, in Genesis 1 staat: "*In den beginne was er louter het Woord; en het Woord was van de Schepper en hier zat alles in*". Ook rijst in het huidige tijdsgewricht de vraag of het rechtssysteem nog wel van menselijkheid uitgaat.

Zo veel vaker lijkt het erop dat politieke misdaad loont; geen inspraak en daarmee geen democratie meer; de politiek heeft vrij spel met haar eigen opgestelde regels vanuit hun eenzijdige interpretatie; die welke hun eigen belang dient. Of deze conclusie terecht is, zal blijken uit dit handvest. Deze laatste vraagstelling is beschouwd vanuit de interactie van de burger of liever; de mens in samenspraak met de overheid en haar toegepaste rechtssysteem. En al gauw blijkt dat het rechtssysteem heel intelligent in elkaar gezet is. Waarom ervaart de gemiddelde mens dan toch corrumperende activiteiten vanuit de overheid binnen deze context? Dat is gelegen in de mensen die ermee en erbinnen werken. Uit onze onderzoeken bleek diverse malen dat wat het rechtssysteem vertegenwoordigt en hoe zij het vertegenwoordigt, correct is. Het verwijt ligt dus niet bij het systeem, maar helaas bij de mens die er misbruik van maakt.

Om dat te tonen, hebben wij drieën dit handvest samengesteld. Om het rechtssysteem recht te laten spreken, dien je alle ins en outs te leren kennen en te begrijpen. "*Van u wordt als burger verwacht het Burgerlijk Wetboek te kennen*" is eigenlijk tegenwoordig een ondoenlijk verzoek gezien de enorme omvang. Elke wet en regel heeft een enorme uiteenzetting van nieuwe wetten en regels met haar veelal buitensluitingen op de bovenliggende wetten en regels. Dit handvest zal in beginsel ook jou in verwarring kunnen brengen. Ook kan het zijn dat je nu al termen leest, die jou wellicht geheel onbekend zijn. Maar wij beloven jou dat je gaandeweg het lezen de termen zult gaan begrijpen. Mocht het te lang duren, dan kun je altijd eerst de woorden- en termenbeschrijvingen achterin lezen. En dus gaan we op zoek naar de basiselementen en bouwen desgewenst door naar het niveau waar dagelijks de meeste moeilijkheden en verwarringen plaatsvinden.

De wetgeving is in oorspronkelijkheid opgezet vanuit het woord van de Schepper. Het heeft een spiritistisch beginsel. Voor de christelijke wereld zijn dat de 10 Geboden die de Schepper aan Mozes overhandigde. Dat is het antropogonische traject dat daarmee samenhing; het ontstaan van de mensheid op aarde in analogie met het christelijke Oude Testament. En dan gaat het met name om de laatste 5 Geboden die de onderlinge relaties en verhoudingen van mensen beschrijven. Dit zijn de allerhoogste wetten en geboden die namens de Schepper aan de mens hier op aarde zijn meegegeven. Doordat er meer mensen kwamen, volkeren groeiden in hun omvang, werd de samenleving complexer door de hogere gedifferentieerdheid van opvattingen en interpretaties van elk mens afzonderlijk. Tel daarbij ook nog eens de technologische vooruitgang bij op. Om sneller op elkaar en op situaties in te spelen zijn afspraken gemaakt; nieuwe afspraken als verfijningen op de bedoelde 10 Geboden.

Om de wereld beter te kunnen begrijpen gaat de mens selectief observeren. De mens is in beginsel al zeer selectief in haar perceptie. Dat is een evolutionair gegeven vanuit het instinct; overleven. De mens gaat op zoek naar herkenbaarheid; dat wat veilig geacht kan worden. Daarnaast impliceert de kwaliteit van de perceptie het lerend vermogen van diezelfde mens. Aristoteles pakte dit gegeven al ruim 2000 jaar geleden op; de mens categoriseert alles om zich heen om de wereld sneller en beter voor zichzelf te kunnen begrijpen. Elke overeenkomstige interpretatie vanuit ieders perceptie wordt een collectieve afspraak genoemd. Labels als ook normen zijn ook gebaseerd op collectieve afspraken; te beginnen met de inspraak van het individu ten opzichte van de erop volgende afspraak met en vanuit het collectief waar die mens onderdeel van uit maakt; het democratische principe van inspraak. Zo werkt dat ook met wetten en regels. Het zou lastig zijn om in het dagelijkse leven eerst dialogen te moeten voeren om steeds in gezamenlijkheid zeer eenvoudige zaken onderling af te handelen.

Alles ontstaat uit het spiritisme; om te beginnen de mens zelf. De mens is als enige levende entiteit behept met verstand; een ‘tool’ of instrument, dat het bewustzijn van de mens kan activeren en verhogen. Echter alles wat de mens voortbrengt is een afspiegeling van wat de Schepper in beginsel is. Alles begint vanuit de symboliek van het samenspel tussen perceptie en de wil van de mens om er expressie aan te geven. Symboliek kan gezien worden als een metafoor; een in analogie gedupliceerd bewustzijnsinzicht dat een hoogwaardige symboliek impliceert. Symboliek is dus een soort metafoor met een spiritistisch en spiritueel kenmerk; dat wat op de verbintenis – het voorzetsel 'sym-' – met de Schepper duidt. Het is niet anders dan met regels en wetten. Elke wet draag de geest van de wet in zich. De letterlijke weergave en opvatting van de wet overrulet dit dagelijks. Niemand lijkt meer in de geest van de wet te handelen maar alles wordt via definities en korte beschrijvingen geduid; veelal als norm en absoluut waarlijk uitgangspunt.

Echter, definities produceren per definitie beperkingen aan dat wat de mens als verschijnsel definieert. *"Een vogel is een levend beest dat veren heeft, kan vliegen en een ei legt"*. Een kip en een struisvogel zijn daarmee geen vogels, want deze beide kunnen niet vliegen. De kip en de struisvogel worden met deze definitie tekort gedaan in hun vogel-zijn. Wellicht is de definitie van vliegen onzuiver gekozen in deze totale definitie; wat wordt dan weer precies onder 'vliegen' verstaan? Wederom zonder voldoende genuanceerdheid valt elk begrip onder de platte aanname van wat iets in essentie zou zijn; ook jij als mens. *"Een definitie produceert per definitie beperkingen aan dat wat men wil definiëren. Daardoor is dat wat gedefinieerd is, niet meer hetzelfde als diens oorspronkelijk heelheid"* (Wilfred – 2014). De mens als heelheid is dus niet meer de definitie die de overheid ervan gemaakt heeft voor eigen gebruik.

Met dit laatste voorbeeld komen we tot de essentie van de huidige wetgeving en met het doel van dit handvest. Ik ben een mens, een heel kind van de Schepper en geen naam dan wel elke naam waar ik op het moment naar wil luisteren. Ik ben niet mijn identiteitspasje als de politie ernaar vraagt en deze afleest. Ik ben namelijk ook X en ik ben ook Y als ook Z en verder het Nederlandse alfabet als ook het Griekse. Ik ben alle getallen en ook alle muziektonen en alle kleuren van de regenboog. Ik ben alles behalve enkele namen op een pasje, waarmee ik contractueel door de overheid toegestaan ben om in het dagelijkse leven te handelen met anderen. Maar ik ben het niet! Wetten die ongevraagd aan burgers worden opgedrongen, zijn definities van het volle leven. Ik leef en ben het volle leven zelf. Ik ben niet de beperktheid van wat de overheid met haar wetten en regels suggereert door mij als heel mens aan hun wetten te koppelen middels de beperkingen die daarmee gemoeid zijn.

Temeer als wetten – die eigenlijk bedoeld waren om het welzijn te garanderen van elk mens keer op keer de mens juist afhoudt van het volle leven. Elke wet en regel levert regressieve differentiaties (analyse) op in plaats van verbindende progressie (associatie). Als de gefailleerde in de rechtbank wordt gevraagd of deze de eigenaar van de rekening is waar hij/zij in zijn levensonderhoud mag voorzien – dat alles onder curatele – dan is het antwoord 'nee'. Eigenaarschap van een rekening zonder vrije bevoegdheid – deze bevoegdheden liggen immers alle bij de curator – maakt dat de gefailleerde 'nee' mag zeggen op deze vraag. De vrije wil en daarmee de vrije keuzen zijn gelieerd aan eigenaarschap en daar hoort het nemen van verantwoordelijkheid en aansprakelijkheid bij.

Het is de juiste mate van het begrijpen dat definiti moeten worden losgelaten om de werkelijke situaties en daar e de echte mens te leren respecteren in diens volle orie. Geen overheidsinstantie, geen rechtbank of haar verte voordigers is hiertoe bevoegd vast te stellen wie jij bent volg en; dat kan en weet alleen de Schepper. Al het ander aseerd op de oneigenlijkheid door een rechtssysteem, dat en is in de geest van de wet, van de Schepper te acteren. In dit handvest worden de belangrijkste inzichten uiteen gezet die onderbouwen dat jij en ik gewoon vrij zijn van deze wereldse dwalingen.

Menselijke perspectieven

Om maar gelijk van start te gaan met een gedurfde uitspraak; beschouw de overheid als een failliete onderneming. Ondanks dit faillissement tracht de gefailleerde partij gelden te innen bij haar burgers om de schulden af te kunnen lossen. Door het toepassen van oude maritieme wetten die eigenlijk niet actueel zijn daar ze worden geactualiseerd jegens landmensen. De overheid laat daarbij de indruk bestaan bij de betrokkenen – wij burgers – dat ondanks dat het over landwetten gaat – een mens heeft immers land onder diens voeten nodig om te kunnen leven – zij in het geheim blijft acteren vanuit deze maritieme wetten. Het maritieme aspect komt nog duidelijker in beeld als handelscontract, wanneer blijkt dat 'De Kerk' en dat is het Vaticaan – zich ooit bemoeid heeft met het ontwikkelen van het octrooi van geldscheppen (wereldhandel) ten behoeve van de VOC van de Zeven Provinciën: de wereldhandel die via de wereldzeeën en oceanen plaatsvond. Het Vaticaan had overigens middels het bekende 'Unam Sanctam' – 'de ééne heilige' – al bij monde van Bonifatius VIII in 1302 het alleen-heersrecht op aarde over alle mensen opgeëist en dat toegekend gekregen door de destijds regerende vorsten. Het stelde dat het geestelijke gezag over het wereldse gezag heerste.

Op zich is dat een mooi streven, maar uiteindelijk is het een mens die deze functie op aarde vervult als vervanger van de Schepper. De later daaruit voortvloeiende wetten met het patent – uitgegeven in maart 1602 te Amsterdam door de Staten-Generaal aan de VOC – impliceren tevens het recht dit geldschepoctrooi te mogen beschermen en handhaven, koste wat het kost, tot aan het doden

van mensen toe. Het blijkt de basis voor de nog steeds gehanteerde maritieme wetten door menig overheid. De rechtbank dient daarbij om geld te innen bij de trustee (de burger) door middel van toepassing van vermoedensprincipes. Elke rechtszaak is daarmee een bespreking van een reeds bestaand handelscontract tussen de burger als Trustee en de overheid als begunstigde van de Trust, mits de mens zich niet kenbaar heeft gemaakt aan de rechtbank als Trustee maar als mens, impliciet door onder andere niet te corresponderen middels de persoonsgegevens die de mens onlosmakelijk aan de Trust verbindt. Al doende volgt hierna meer uitleg over deze termen. De rechtbank is dus de schakel om private gelden bij de mens weg te halen en onder te brengen in de publieke wereld van de overheid middels de Trust dat eigenlijk bij de mens zelf thuishoort.

In de maritieme wereld geldt een wet die stelt dat na 7 jaar vermissing op zee de nabestaanden verder mogen met het nalatenschap (Trust) van de 'op zee' (maritiem dus) vermiste persoon. De melding vanuit iemands geboorte geeft iemands bestaansrecht en 'automatisch' maakt de overheid een tweede – zielloze entiteit (placenta-gedachte) aan: de Trust. In de eerste 7 jaren wordt deze door niemand opgeëist daar dit verschijnsel volledig onbekend is bij de burger. Vanaf dat moment wordt de verweving van afhankelijkheid met de overheid groter en groter. De mens gaat onbedoeld meer en meer handelscontracten aan met de overheid zonder te weten dat dit niet aan de mens zelf gelieerd is maar aan diens Trust, waarbij de mens diens Trust niet heeft opgeëist en dus de overheid de begunstigde daarvan blijft. En dat als gefailleerde! Door de vele 'koppelingen' van de mens als Trustee ten gunste van diens Trust wordt de eventueel latere onthechting

met die overheid steeds moeilijker en is dat werkelijk zo? Immers jaar in jaar uit conformeert de Trustee zich aan de handelsverdragen (wetten) van de overheid, waarbij de Trustee het geld dient te betalen als beheerder en de overheid als begunstigde de gelden ervan ontvangt. Alles vanuit het vrijwilligheidsprincipe, in casu: misleiding. Gelden om privileges te mogen blijven hanteren die in beginsel een grondrecht van het menszijn zijn, niet vanuit de maritieme handelswetten. Zo worden wetten handelsverdragen; opgedrongen vanuit de gewoonte alsof de overheid dat mag; zo ging het immers altijd al.

Hoe commercieel de wetshandel is, blijkt uit het aspect van het hele COVID-19 beleid. Het gaat er daarbij om 'vrijwillig' aanvaarden van het vaccin dat je DNA modificeert en de aanvullende materialen vanuit DNA en RNA Recombination dat gelijktijdig met het vaccin worden geïnjecteerd daarmee integraal verweven raakt met je eigen DNA. Vrijwilligheid is niet vervolgbaar. Tenzij. De patenthouder kan vervolgens claimen dat jij met jouw lichaam met jouw DNA - en daarmee dus jouw leven - inclusief zijn gepatenteerde deel daarbinnen aan de farmaceut of staat toebehoort; aan welke van de 2, dat is om het even. Het zijn partners in crime. Er was geen contract nodig; je hebt de vaccinatie vrijwillig geaccepteerd zonder enige vorm van dwang. Helaas kun je de integratie ervan met je eigen menselijke DNA niet verwijderen of teruggeven. Manipulatie, misleiding, onthouden van dergelijke inzichten of wel bedriegerij en pure corruptie laten ze voor het moment even buiten beschouwing. Zo deed Monsanto het met vele zaden, door deze bij boeren over de akkerlanden te verspreiden of ze onaangekondigd met de basiszaden te vermengen, waarna ze de opbrengst van de oogst van de boeren opeisten. Immers het was gemakkelijk aantoonbaar dat hun gepatenteerde DNA zich in de oogstopbrengst bevond wat hen dus mede-eigenaar maakte. Bayer die Monsanto heeft opgenomen, gaat op dezelfde voet verder.

Verwijten en daarmee de aanklacht bekend maken bij de rechtbank over deze vermeende handelingen zijn vrijwel kansloos; immers je moet iets aantonen; een tekortkoming of wel de manipulatieve handeling van de gedaagde. Slimme boeren draaiden het echter om; ze klaagden Monsanto aan voor het ongevraagd – zonder contract of kennisgeving hierover – bewust 'vervuilen' van hun akkers. De stap van de planten- naar de dieren- en mensenwereld is snel gemaakt. Door deze gemodificeerde DNA implementatie word je tevens 'bestuurbaar', en ben je 'traceerbaar' via het beroemde 5G netwerk, dat gelijktijdig wordt uitgerold. Natuurlijk kun je vrijstelling en privileges aangaande je leven krijgen, maar alleen als je hiervoor geld betaalt aan de patenthouder. En daarmee doet de Trust precies waarvoor zij ooit in de eerste dagen na je geboorte in het leven is geroepen; om het maar zo te stellen. Geld opleveren voor de staat en haar zakenpartners, opgebracht door de Trustee; jij als burger.

Alle wetten zijn voortbrengselen van de mens en kunnen dus nóóit boven de mens staan; wel boven de persoon; de zielloze entiteit (bureaucratische fictie) als dubbele boekhouding voor de overheid als handel voor het creëren van inkomsten voor hun schuldeisers; de Crown. De Trustee – beheerder van een Trust als een ondernemingsunit die geld opbrengt – waarbij momenteel de overheid de begunstigde is op grond van de meldplicht van de geboorte en de tweede aangemaakte boekhouding die jij als mens vertegenwoordigt, is nu echter een persoon; een Persona of masker. Jij kunt niet Trustee en Trust op hetzelfde moment zijn. De overheid was initieel de Trustee – de beheerder en verzorger en kostendrager van jou als mens - maar heeft deze rol kunnen omdraaien door de tweede boekhouding in het leven te roepen: jij als persoon als zielloze entiteit versus jij als levend en bezield wezen die daardoor Trustee geworden bent. Het hele coronabeleid is erop gericht om nieuwe contracten te bewerkstelligen, teneinde de failliete overheid van geld te voorzien. Alles op vrijwillige basis, althans initieel. Echter middels deze onzichtbare constructie is dat altijd impliciet; er stiekem 'ingevouwen'. Laat dat nu juist de hele misleiding zijn! De mens accepteert vrijwillig een vaccinatie tegen corona met diens persoonsgegevens jegens de overheid en daarmee legt de mens zich impliciet vast aan een handelscontract met de overheid aangaande diens eigen Trust, waarvan de overheid de gelden ontvangt ten gunste van de farmaceuten, die de overheid als marionet gebruikt. Echter, wat staat er dan letterlijk in dat handelscontract, noodwet, verplichting of maatregel; wat dient het werkelijk ten gunste van de wet? Niets! Het maakt de private mens wederom verder gebonden middels nieuwe manipulatie aan diens eigen Trust, waarvan de overheid zelf bepaalt welke gelden dit handelsverdrag moet opleveren via de Trust. En dat kunnen ook boetes zijn, zoals zal blijken.

Onderhand is het alom duidelijk dat de uitkomst van de PCR-test aantoont dat er restanten van RNA in iemands systeem aanwezig zijn. RNA-restanten zijn niet besmettelijk; een virus als DNA entiteit wel; alhoewel eigenlijk een echt virus nooit dodelijk is, maar dat terzijde. Het is zelfs niet aangetoond dat deze RNA restanten te relateren zijn aan corona; mogelijk pas na een dieper onderzoek. De overheid hanteert hierbij keer op keer het uitstekend werkende falsificatieprincipe van de filosoof Karl Popper. Dat zegt: *"Alle dieren hebben 4 poten. Alle koeien hebben 4 poten. Alle dieren met 4 poten zijn (dus) koeien"*. Een besmetting is geen besmetting, alleen in een specifiek geval en dan nog in de hoedanigheid dat een besmetting niet erg is; in het geval van corona eigenlijk niet eens primair dodelijk is. Het gaat hier dus om misleiding op grote schaal. Het woord 'besmetting' werd gekozen nadat de dodenaantallen die wel direct met corona in verband gebracht konden worden, vrijwel niet meer voorkwamen. Ondanks dat heeft de mens in kwestie geen zeggenschap over de aanpak die er vervolgens uit voortvloeit; als ook niet over diens werkelijke voordeel. Of het een echt nadeel is, blijkt op het moment dat de mens zich in diens vrijheid voelt aangetast en kan dan door nog meer geld aan de overheid te betalen, er privileges voor terug krijgen; de overheid ontvangt dus 2 keer! Ook als de politie en of de BOA jou arresteert voor het niet nakomen van dit vrijwillige contract aangaande het coronabeleid en de overheid alsnog geld via de rechtbank laat incasseren van haar Trustee; jij. Tenzij jij dit vanaf het allereerste begin al juist pareert, onder andere, door nooit kenbaar te maken dat jij de persoon bent die zij zeggen dat jij bent of de mens die op jouw ID kaart staat; die is namelijk fictief, terwijl jij als levend en bezield mens tegenover die andere mens staat. Iemand die in hun ogen een vermeende overtreding zou hebben gemaakt staat immers daadwerkelijk voor hen zelf. Hoeveel meer bewijs is er nodig om deze mens gelijk een boete te geven? Nee, eerst dient de verbintenis met jouw Trust gemaakt te worden, door jou als mens naar jouw persoonsgegevens te vragen, oftewel jouw achternaam. Ik ben mijn voornaam en-of mijn voornamen, maar voer namens de overheid mijn achternaam. Wie wordt dan bedoeld bij deze vraag? Ik ben mens en geen 'dode' persoon (Trust). Dus wanneer jij erkent deze persoon te zijn, ga jij onbedoeld een contract aan met de overheid, waarna de overheid jou geld afhandig kan maken. Immers, jij bent als Trustee – beheerder van het/elk nieuw contract – degene die voor de kosten opdraait, waarbij de incasseerder van dit geldbedrag namens dit Trust (niet de eigenaar) de overheid zelf is.

Tja, en die overheid heeft enorm veel geld nodig, daar zij failliet is. Dus de vrijblijvendheid van het hele coronabeleid is wederom gericht op het contracteren van een publieke entiteit – de overheid zelf – met jou als private mens ten behoeve van de Trust, waarvan zij de financiële revenuen ontvangt. Daar jij deze Trust niet zelf hebt teruggevorderd – het *"Cestui Que Vie"* principe blijf jij daardoor in de rol van de betaler. Dit recht als enige rechtmatige erfgenaam qua nalatenschap (de opbrengsten die de overheid via jou als persoon incasseert) klakkeloos terugvorderen bij de gemeente, waar jouw geboorteaangifte ooit door (waarschijnlijk) jouw vader is gebeurd, zal niet werken. Er is meer inzicht nodig om jou als mens totaal van de overheid te ontkoppelen. Maar los daarvan, elke nieuwe inbreng door de overheid naar haar burgers (niet de mens) geeft perspectief het te negeren; jij hebt het recht van weigering een voordeel te aanvaarden, die onduidelijk in haar doelstelling zal zijn. En ja, de overheid heeft een zeker recht als Trust-houder deze doelen niet prijs te geven – zie de betreffende ministers die zwijgen als het graf over de echte bedoeling achter dit nieuwe contract met haar burgers onder het mom van corona. Als jij ze dus accepteert, kan daaruit alles voorvloeien. Dus elke aanmaning door de overheid dien jij als mens te beantwoorden en niet conform de persoon zoals de overheid jou kent, daar jij op dat moment het contract met de overheid als privaat persoon (de mens) aangaat en jij je dient te verantwoorden op de te betalen kosten ten gunste van de (jouw eigenlijke) Trust.

Mocht jij linksom of rechtsom voor een rechtbank gedaagd worden, dan is de eerste vraag waarom jij hier als schuldeiser staat, maar door de overheid als schuldenaar wordt beschouwd; niet jij bent immers failliet maar de overheid. Een schuldenaar – de overheid – kan nooit de schuldeiser – de mens – dagen voor het betalen kosten en rekeningen die bij de gefailleerde thuishoren; de contracten van de overheden met de Crown. Een andere vraag is naar de bevoegdheid van de rechter te vragen om over de mens te mogen oordelen; die heeft de rechter niet, wel over de burger. Vrijwel niemand begrijpt dat. Daar wordt ook dankbaar gebruik – of eigenlijk misbruik – gemaakt. Logisch, want dat zijn processen die al decennialang plaatsvinden door sluwe rechters en advocaten die De Crown dienen, in plaats van de mens dienen. De Crown staat voor een drieluik van het Vaticaan, Washington DC en de City of London met daarbij de BIS in Zwitserland; het zijn 4 vrijstaten die op basis van alles wat speelt zich soeverein achten als een wereldrechter voor het financiële systeem hier op aarde. Alles wat daar plaatsvindt en wordt vastgesteld met betrekking tot wetten en financiële bepalingen, komt uit hun koker en is fictie. Er is geen bevoegdheid van niemand die daartoe toestemming heeft gegeven. Jij als mens bent echt en jij zou als kind van de Schepper de laatste zijn die toestemming geeft voor de desastreuze manier hoe de wereld door al deze financiële waanzin vernietigd wordt. Jij hebt die verantwoording af te leggen naar je Schepper, van wie je de aarde in (tijdelijk) bruikleen hebt. Jouw integriteit verbiedt het om met dergelijke instanties in zee te gaan. Dat toont de werkelijke mens in jou; zonder egoïsme zoals de mens hoort te leven. Over deze Schepper en Diens wetten gaat het volgende hoofdstuk.

Goddelijke perspectieven

Laten we de wetgeving eens meer spiritistisch bekijken: het gehele rechtssysteem voor burgers, zoals opgetekend in het Burgerwetboek, is gebaseerd op 1 basisboek, te weten de christelijke bijbel. De koning dan wel koningin legt als enige soeverein individu over de wet van God, van Christus dan wel de Schepper of welke hogere en goddelijke symboliek dan ook, de eed af om naar eer en naar vermogen te leven en als zodanig diens onderdanen – de mensen – te respecteren in hun doen en laten. Het gehele rechtssysteem is louter ingericht om de dagelijkse beslommeringen na te laten komen. De politie is de curator geworden om de inventarisatie van jouw boedel vast te stellen en de rechterlijke macht is de controleur van de curator: de Rechter-Commissaris. Als er de wet geldt vanuit *Spreuken 9 vers 10*, dan staat er ook duidelijk dat elk mens diens God dient en niemand anders. Hij/zij/het legt verantwoording af jegens deze – laten we zeggen – erkende symboliek. Het feit dat zo veel mensen in al hun diversiteit deze symboliek op hun eigen manier interpreteren en leven, illustreert en onderschrijft de tendens dat bevoegdheden door politie, BOA als curatoren voor de wetten of handelscontracten gelieerd zijn aan hun vermogen dan wel hun onvermogen te kunnen beoordelen wat de ander in Gods ogen onrechtmatig doet. De rechter die meent dat te kunnen, heeft daarvoor een aantoonbare verklaring nodig: gelijk de paus zegt de vervanger van God te zijn, is er totaal geen bewijs van bevoegdheid deze aspecten aan de andere mens op te dringen.

In eerste instantie wordt de mens al gedwongen binnen 3 dagen van geboorte diens baby aan te melden bij dit systeem met de sancties en boetes vanuit dit systeem bij het nalaten ervan. Met welk recht? Met welke bevoegdheid en namens wie? Namens een systeem dat een uitvloeisel is van een vrijheidsrecht van de mens bij de geboorte wordt die onder het mom van vrijwilligheid afgedwongen middels een verplichting die vrijheid bij de staat onder te brengen. Met andere woorden, het is een eenzijdig contract die niemand als zodanig ondertekend heeft. Mocht de interpretatie anders zijn ten aanzien van deze dwang, dan heeft de mens het recht bij voortschrijdend inzicht een contract te mogen verbreken. Geen enkele rechter is bevoegd een eenzijdig contract te laten continueren die onder dwang en daarmee onvrijwillig en vanuit onwetendheid dan het vertrouwen in een integere overheid met hun door de soevereine mens tot stand gekomen is. We komen hierbij wederom op *Spreuken 9 vers 10*. Als ook de Algemene Bepalingen onder artikel 11 stelt dat de rechter 'recht' dient te spreken en waarbij de mens krachtens Artikel 13 de rechter kan aanspreken op het niet uitspreken van 'recht'. Elke aanvaring met de overheid die niet herleidbaar is naar de tweede reeks van 5 geboden uit de bijbel ten aanzien van de gezonde en integere verhouding tussen de mensen hier op aarde, zijn dus nutteloos en slechts ingericht naar eigen belang en voordeel; vrijwel altijd 1 op 1 gelieerd aan geld. Het eerste hoofdstuk toont dat duidelijk. Laten we het nog eens verder beschouwen; Gods woord over arbeid.

De mens moet de aarde bewerken en bewaren. In Genesis 2 : 15 lezen we: "*Zo nam de Heere God de mens en zette hem in de Hof van Eden om dien te bouwen en dien te bewaren*". We lezen ook dat na de val God de mens wegzond uit de Hof van Eden om de aardbodem te (be-)bouwen, waaruit hij genomen was (Adam – 'uit aarde samengesteld'). In beide teksten wordt hetzelfde woord gebruikt. Reeds vóór de zondeval kreeg de mens dus een goddelijk bevel om diens krachten te gebruiken voor de opdracht die God hem gaf. De inspanning is geen gevolg van de zonde. Wel is er door de zonde verandering gekomen in de relatie tussen mens en aarde. Dat moge helder zijn met het volgende. De mens stuit op de weerstand van de schepping; de 'arbeid' is nu zwoegen geworden: *"In het zweet uws aanschijns zult ge uw brood eten"*. Maar de inspanning zelf is een scheppingsgegeven en is niet met de zonde gekomen. De inspanning ziet op de ijver en de toewijding die de Heere van de mens vraagt. De arbeid moet dan ook een ordening van God genoemd worden, die de mens als een opdracht heeft te aanvaarden. Het is een door God gewilde levensfunctie van de mens, een ordening die samenhangt met het feit dat de mens beelddrager Gods is. Daarom is arbeid ook een zegen te noemen. Omdat arbeid opdracht is, heeft arbeid geen doel in zichzelf. De mens staat met zijn arbeid in dienst van God, zijn Schepper. Daarom is hij ook verantwoording schuldig. Het staat de mens niet vrij om al of niet te arbeiden. Als schepsel is het zijn roeping te arbeiden. Die opdracht kan ook afgeleid worden uit het gebod om op de zevende dag te rusten. De mens moet rusten volgens Gods tijdsinzichten. Dat kan alleen als gebod worden voorgeschreven als de mens ook volgens Gods tijdinzichten moet arbeiden.

Aan dat moeten wordt een grens gesteld. Dat is de tijd van rust die God de mens geeft. De arbeid van de mens is niet los te maken van zijn verhouding tot God. Ook hierin moet de mens God eren. Op dit punt is er een wezenlijk verschil met de visie van het marxisme op de arbeid-. Volgens Marx verwerkelijkt de mens zichzelf in zijn werk. Zijn werken is tegelijk zijn menswording. Daar ontbreekt dus de verticale component: de mens en Schepper en daarmee onverbrekelijk verbonden: de relatie tot de medemens! De mens mag dus geen slaaf van de arbeid worden. In het rusten neemt hij er afstand van. Deze afwisseling van arbeid en rust past bij het ritme dat we in Prediker 3 aantreffen; er is een tijd om te arbeiden en een tijd om te rusten, mogen we zeggen. Ook de rust is opdracht van de Heere, ordening van God. Dit bijbels gegeven doet de christelijke arbeidsethiek wezenlijk verschillen van het marxisme. Immers als de rust samen met de arbeid scheppingsordening moet heten, kan de arbeid niet het één en het andere zijn. Goddelijke arbeid of ´vruchten van goddelijke arbeid' – wat arbeid eigenlijk is ten behoeve van elke medemens – kan dus nooit door de andere mens financieel belast – de welbekende inkomstenbelasting – worden, daar die andere mens reeds zelf meeprofiteert of kan meeprofiteren van de goddelijke arbeid die de ene mens verricht om de wereld samen gezond en leefbaar te maken en te houden.

Weet daarnaast dat elke kerk vrijgesteld is van belastingbetaling. Dat begreep Ron L. Hubbard ook als geen ander en richtte ooit de 'Scientology Church' op, waar miljarden winst in om gaan. Met zijn 'Dianetics'- concept ('through the brain' – Grieks) dat gericht is op persoonlijke ontwikkeling. Deze ontwikkelingstrajecten worden in een verder gevorderd stadium gecombineerd met audits die jou via quasi meditatieve handelingen 'over de brug leiden naar verlichting'. En dus betaalt SC onder de noemer van 'kerk' geen belasting. Elke beoordeling zoals deze die voortvloeit uit dat dit anders zou zijn, dient dan ook gerelateerd te worden aan de tweede reeks van 5 van de 10 Geboden zoals eerder genoemd. Gelijk elke zichzelf kerk noemend intituut doe ik als ook goddelijk werk voor mijn naaste; de tweede reeks van 5 Geboden namens de Schepper aan Mozes overhandigd. Elk uitvloeisel of differentiatie van daaruit roept dan ook altijd de vraag op of de ander – de overheid – in staat is een zuiver oordeel over de bedoelde kwaliteit van mijn werk te geven. En voor het gemak wordt de wet dan verder gedifferentieerd aangaande wat werk is en dus wat inkomen is. Elke goddelijkheid wordt eruit geperst (gedifferentieerd), om het binnen de kaders van belastbaar werk en inkomen te plaatsen.

Tegenwoordig weten we beter; slechts de financiële component is hier de graadmeter en die hangt weer samen met handelscontracten of de wetten vanuit het maritieme of wel het levenloze systeem en mag ik dus als levende mens naast mij neerleggen. Ook blijkt daaruit dat fictieve schulden zoals de belasting heffing door de overheid aan mensen opgelegd, niet legitiem zijn. De dwangmatige geforceerdheid, waarmee dit over de burgers wordt uitgerold doet niets af aan de vrijwilligheid vanuit de mens die eronder schuil gaat en dus het recht om deze vrijwilligheid jegens de overheid te stoppen. En dat – de dwangmatige geforceerdheid – impliceert dat de mens door dergelijke intimidatie – de praktijk wijst dit dagelijks uit met haar belastinginspecteurs en deurwaarders – de andere mens geld betaalt voor de arbeid die hij/zij/het namens God verricht ten behoeve van een gezonde en leefbare wereld. Overigens zonder enige bevoegdheid namens de enige God dit te mogen vragen aan de ander.

Overigens bleek in het eerdere hoofdstuk al dat een gefailleerde partij of debiteur – hier elke overheid – onmogelijk een crediteur kan dwingen de debiteur financiële ondersteuning te overhandigen; de debiteur hoort te gehoorzamen en is zowel ondergeschikt als ook afhankelijk van de vrijgevigheid en schenkingsbereidwilligheid van de vrije mens. Zoals God, onze Schepper of de Heere het bedoeld heeft. Deze overheid is immers geen levende mens maar slechts een fictief en 'dood' of zielloos systeem en daarmee diskwalificeert het zich ten aanzien van de met gezond verstand begiftigde levende mens. Het blijkt echter ook dat de wetten formeel goed zijn opgebouwd. Het nadeel hierbij is de enorme gedifferentieerdheid, waardoor het totale overzicht al gauw weg is. Enige uren ter besteding aan dit onderzoek en studie hierover geven ons toch de inzichten waar we naar op zoek zijn om met jou te delen in dit handvest. Zo zal een en ander blijken uit het volgende hoofdstuk.

Formele perspectieven

In de vorige 2 hoofdstukken zijn verschillende vormen van benaderingen uiteen gezet die ondanks dat, toch dezelfde uitgangspunten hanteren. Elk mens heeft bij geboorte het recht – dat expliciet in het actualiteit van diens geboorte ligt opgeslagen – om naar eigen inzichten en geheel op basis van vrijwilligheid en vrijblijvendheid keuzes te mogen maken die in geen enkel opzicht schade aan zichzelf, een ander of haar omgeving toebrengt; niet gelet op het moment en ook niet op de langere termijn. Het is zelfs de plicht van de mens als kind van de Schepper alles te doen wat in diens vermogen ligt om schade te voorkomen, te vermijden en anders te corrigeren en te herstellen. Elke verbintenis met elke andere partij dan de mens zelf dient gelijk deze mens daaraan gehoor te geven in hun wederzijdse overeenstemming om in gezamenlijkheid acties te ondernemen en arbeid te verrichten ten behoeve van het welzijn van flora en fauna in haar algemeenheid.

In de afgelopen decennia is gebleken dat de overheid zich meer en meer onttrekt aan deze hierboven bedoelde integriteit. Steeds vaker worden mensen in hun hoedanigheid als burger gedwongen nieuwe regels, wetten en andersoortige maatregelen te accepteren en na te leven zonder dat daar ook maar enige vorm van open overleg over heeft plaats gevonden. De mens is een individu met een uniek verstandelijk vermogen om zelf te mogen redeneren in hoeverre de geduide regels, wetten en maatregelen voldoen aan de wetten van diens Schepper. De mens is niet het collectief en kan geen verantwoording dragen voor een collectief. Hij/zij/het kan alleen rekenschap afleggen aan zichzelf en daarmee aan diens

Schepper. Eén van de meest schadelijke acties van de afgelopen jaren blijkt het afschaffen van het volksreferendum door de overheid. Het begint al met de verkiezingscampagne, waarin het volksreferentie een essentiële waarde vertegenwoordigt van een bepaalde politieke partij in de campagne dat wordt ingezet als erkenning en blijk van waardering aan haar leden en volgers en daarmee potentiële kiezers. En net zo makkelijk wordt deze belofte gebroken omwille van de samenwerking binnen het politieke apparaat; de samenwerking die juist het open overleg met het volk en de mensen door het afschaffen ervan expliciet ondermijnt. Daarmee is het helder dat de overheid niet meer geïnteresseerd is in de meningen en de inzichten van de mensen. Met elke vorm van en grootste gemak met betrekking tot de nonchalance en de arrogantie wordt vervolgens door de gezamenlijke politiek het recht op een volksreferendum de nek omgedraaid. De politiek en daarmee de overheid met al haar lagere instanties vaart een eigen koers; die van de juridische weg; 'de iure'. Het heeft werkelijk niets meer te maken met de bestaande realiteit, waar de mensen mee maken hebben; 'de facto'.

Door deze splijting is de overheid nog slechts een theoretische formaliteit geworden, die zich bezig houdt met juridische formaliteiten – de iure – waarbij de aansluiting en afstemming met het werkelijke leven – de facto – van de mens allang niet meer relevant is. De abstracte en om een ander woord te gebruiken; fictieve wereld van de overheid overrulet elk concrete en daarmee bestaande werkelijkheid. Het is een bewuste weg die de overheid is ingeslagen. Rechtszaken gaan niet meer over de inhoud, maar of de mens de wet, de regels en richtlijnen heeft opgevolgd zoals deze op papier beschreven staan. Dat deze oplegging eenzijdig is, doet ook niet ter zake. Het gemak en de sluwheid van de overheid op basis van de onwetendheid bij de mensen dat een contract pas rechtsgeldig is als er daadwerkelijk door 2 partijen vanuit de vrije wil en keuze ernaar toe een overeenstemming of consensus is bereikt. En beide partijen – ook de overheid is een juridische partij jegens elke mens – daadwerkelijk hun handtekening onder het betreffende document hebben geplaatst doet de overheid de mensen geloven dat deze gang van zaken normaal is daar de overheid blijkbaar op 1 of andere manier van hogerhand dit bevoegd is te doen. Dat is het proces van het misbruik van de wetenschap over deze opgedrongen eenzijdigheid alsof het rechtsgeldig is, wat menig overheidsinstantie wel degelijk weet. Het is de wereld waarin suggesties leiden tot aannames die als waarheid worden aanvaard; immers de overheid zal het wel weten en die heeft het beste toch voor met haar mensen? Zoals het eerste hoofdstuk al eerder beschreef, draait alles in beginsel om vermoedensprincipes. Dat geldt ook met contracten. Ook binnen de vele contracten van overheden insinueert men uitkomsten op basis van aannames en anders is er nog de statistiek. De statistiek is pas interessant als de uitzonderingen die 'de facto' plaatsvinden daadwerkelijk gerespecteerd kunnen worden. Elk mens is uniek en veel vaker de uitzondering op de regel dan de norm binnen die regel.

Dit hoofdstuk van het handvest is een meer formele insteek in de interactie met de overheid. Ondanks deze formele en sterk juridische benadering blijken de onderliggende menselijke waarden niet anders te zijn. Laten we eens artikel 1, Regel 1 uit het Burgerlijk Wetboek – Boek 1 bekijken.

"Allen die zich in Nederland bevinden, zijn vrij en bevoegd tot het genot van de burgerlijke rechten".

Zonder verder onderzoek zou elke immigrant ongeacht diens achtergrond dus gebruik mogen maken van de aardse weelde binnen de grenzen van het land, dat als Nederland is erkend. En daar begint de eerste uitsluiting. Wetten zijn dus gericht op exclusificeren in plaats van inclusificeren. Verder staat er dat elk mens – allen – daartoe vrij en bevoegd is. Dit houdt automatisch in dat men nergens toe verplicht is. In het eerste hoofdstuk stond het ook al in een vrijere vertaling: *"Elk mens heeft het recht een aangeboden voordeel te mogen weigeren"*. De mens is dus níet verplicht tot het accepteren van dat wat een andere partij inclusief de overheid aanbiedt of offreert. Onderhand is door de jaren heen duidelijk en helder geworden dat er op de langere termijn nadelen aan vast blijken te zitten. Ook dan blijft het recht van kracht te onderbreken en te blijven accepteren wat ooit als voordeel – zoals het toen beschreven werd – te beëindigen. Er ligt namelijk geen ondertekend contract aan ten grondslag die 2 partijen afhankelijk van elkaar gemaakt heeft.

Het voortschrijdend inzicht vanuit de met gezond verstand begiftigde mens – wat men ook als iemands (begrips-)vermogen kan beschouwen – geeft mij aan dat ik verdere voortgang dan wel samenwerking met een andere partij kan stopzetten daar het ethische waarden zoals de Schepper deze aan de mens heeft meegegeven, tegenspreekt. Geen overheid is bevoegd mensen daarop af te rekenen; op voortschrijdend inzicht. De term 'vermogen' is ook een term die terugkomt in de wetboeken; Artikel 33 uit het Burgerlijke Wetboek – Boek 3 aangaande vermogensrechten en rechtshandelingen.

"Een rechtshandeling vereist een op een rechtsgevolg gerichte wil die zich door een verklaring heeft geopenbaard".

Deze verklaring is een wederzijds contract, door beide partijen ondertekend. Als mij de intenties, de motivaties doelstellingen en ook de belangen met de daarbij behorende verantwoordelijkheden, aansprakelijkheden en taken niet helder zijn namens de overheid, dan kan ik op basis van mijn verstandelijk begripsvermogen geen zuivere rechtshandeling verrichten, waarbij het product van mijn actie zuiver, integer is en gericht op het welzijn van zowel de mens als de natuur. Ik zal dan ook geen enkele verklaring hieromtrent ondertekenen. Als de overheid mij dit alles niet kenbaar kan of wil maken, dan houd ik mij het recht voor het vermeende voordeel van de aangeboden suggestie door diezelfde overheid te weigeren. Blijkbaar heerst er een onvermogen van kunde dan wel onwil bij de overheid in een open conversatie openheid van zaken te geven. Zo blijkt daarmee dat het woord 'vermogen' een abstract gegeven is; alles kan of is mogelijk. Het vermogen dat pas functioneel wordt in haar actualisatie. De steen heeft vanuit stilstand een zwaartekrachtvermogen op basis van diens hoogtepositie; wat dat vermogen werkelijk behelst, kun je pas constateren als je de steen vanaf deze hoogte loslaat en de steen in contact komt met de aarde tijdens de landing. Vermogen expressificeert zich dus in de beweging; in de interactie met de ander. Intelligentie is in beginsel ook een potentiaal. Door in interactief gesprek te gaan met de ander actualiseert zich vanuit begripsvermogen de werkelijke intelligentie of wijsheid. Wilfred bedacht daartoe enkele jaren geleden de quote *"Talent – Latent = Valent"* wat zoveel wil zeggen dat wanneer iemands talent onthuld wordt, je de echte waarde ervan pas ziet. Intelligentie bewijst zich door de mogelijkheid zich aan te passen in een levende en dynamische wereld. In deze context betreft dat iemands voortschrijdend leervermogen om een mooi, gezond en leefbare wereld te maken voor alles en iedereen.

Contracten vinden plaats op basis van een overeenstemming inzake ieders belangen, verantwoordelijkheden, aansprakelijkheden als ook ieders zuivere of goddelijke intenties, die aan het willen aangaan van een contract met een mens ten grondslag liggen.

"Vanuit mijn burgerhoedanigheid in mijn menszijn weet ik dat ik zuiver en integer handel". Ik 'leen' mij dan ook niet voor alles waarvan ik van menig ben dat dit daarvan afwijkt. Ook middels het weigeren van het tonen of overhandigen van de in mijn bezit zijnde ID-kaart geef ik blijk van deze afkeuring".

Daar ook het overhandigen van je ID-kaart eigenlijk het onuitgesproken en niet doorgesproken aangaan van een contract is, is het wijs om vooraf – en zeker in een 'Pro Forma' brief aan de overheid of aan de burgemeester van de gemeente waar je op dat moment tijdelijk verblijft – vooraf de financiële consequenties van dergelijk misbruik te duiden. Tegenover het gebruikmaken van mijn eigendommen zoals mijn ID-kaart staat een vergoeding van bijvoorbeeld drieduizend Euro en daarbij het beboeten van eventuele oneigenlijke – lees: onvrijwillige – acties tegen mij door bijvoorbeeld gedwongen mijn ID pas te moeten overhandigen aan een ambtenaar in functie staat een boete van tienduizend Euro. De ambtenaar heeft de keuze om verder te gaan met de onderhandeling, maar weet nu dat diens burgemeester een factuur mag verwachten. Deze factuur dient betaald te worden binnen de gestelde termijn en anders ben ik vrij een deurwaarder te sturen of in het laatste geval beslaglegging voor te stellen, mocht elke betalingswelwillendheid achterwege blijven. Het kan dus ook gaan om het in gebreke blijven van integere handelingen jegens mij; conform de voorwaarden zoals ik deze eerder voorgesteld heb dan wel eerder in een brief aan mijn burgemeester kenbaar gemaakt heb. De interactie met de overheid of diens vertegenwoordiger impliceert immers simpel een onderhandeling, waarbij beide partijen hun voorstellen en tegenvoorstellen mogen doen om tot een gezamenlijke consensus te komen.

Zonder inzichten van mijn kant tijdens een gesprek met de overheid kan ik op generlei wijze vanuit rechtsgevolg garanderen en waarborgen dat alle handelingen die daarop volgend door mij verricht zullen worden, zuiver en integer zijn. In een verklaring zouden juist deze garanties en toezeggingen niet alleen 'de iure' maar ook 'de facto' met elkaar in samenspraak moeten zijn. De fictiviteit of 'de 'iure' wereld wijkt tegenwoordig zeer sterk af van wat in het dagelijkse leven – de facto – (vaak nog) mogelijk is. En dus mag ik me later verantwoorden voor de rechtbank, waarom ik als levend mens mogelijk in gebreke gebleven ben; althans volgens de andere partij; de overheid. Zonder duidelijkheid doe ik niets met de overheid die blijft zwijgen over de intenties en achterliggende doelen; immers anders word ik het kind van de rekening. Bij een klakkeloze consensus door mij, waarbij ik als mens me later moet verantwoorden bij de rechtbank, spreekt de overheid in de rechtbank een vermoeden uit die eigenlijk nauwelijks op inhoud onderzocht wordt; het pragmatisme. Zij laat liever de rechtbank bepalen in hoeverre dit onvermogen vanuit mijn pragmatisme in mijn volle leven afwijkt van hun papieren of fictieve voorstel, want alleen dat levert geld op. Hoe groter deze afwijking in de ogen van de rechtbank is, hoe hoger de boete aan mij. Maar de rechtbank is de Rechter-Commissaris die het proces van de Curator – de politie of BOA – beoordeelt vanuit hun rechtmatigheid. De slager keurt dus diens eigen vlees. Dat is het gerechtelijke proces dat jij als mens dus kunt voorkomen. De overheid kun je dus daadwerkelijk beschouwen als professionele hinderaars. Het is hen er niet aan gelegen om ook maar enige progressie in de voortschrijdend inzichten van de mens als individu toe te staan of te stimuleren. Het ligt in jouw vermogen te doen wat jij integer en zuiver acht. Jouw intelligentieontwikkeling is daarbij het geactualiseerde vermogen – jouw potentiaal of talent – dat jou heeft doen beseffen dat er verbetering en innovatieve mogelijkheden zijn. Het gezegde *"Door schade en schande wordt men wijzer"* draagt dat in zich, maar als het aan de overheid ligt; impliceert deze leerervaring dat jij beter moet luisteren naar en onvoorwaardelijk dient te gehoorzamen aan die overheid. Als kind van de Schepper heb jij daar niet de aardse wetten en regels van elke andere partij daarvoor nodig. Helemaal niet door een andere partij die jou niet als volwaardig en gelijkwaardig gesprekspartner lijkt te beschouwen. Het is dus zaak om de rollen om te draaien, indien de ruimte er nog is gelet op het voortraject.

In dat geval, wanneer je vooraf duidelijk je tegenvoorwaarden hebt gegeven, maar ondanks dat je toch wordt gedwongen het gesprek verder te voeren met de politie of een andere ambtenaar, is er als gevolg op deze artikelnummers de mogelijkheid om de politieagent of de ambtenaar te wijzen dat er toch een mogelijkheid is om tot consensus over te gaan. Als de overheid bij monde van haar beambte meent dat zij mijn wilsverklaring, die bij elke conversatie onderliggend is aan mijn uitspraken jegens die overheid kan en mag vernietigen of de lopende verplichtingen naar mij te mogen afbreken, dan treffen overheid en mij elkaar wel bij de rechtbank. Wat gaat de beambte daarop zeggen? Al blijkt wel uit de eerdere hoofdstukken dat het vermijden van de rechtbank het beste is, daar rechtbanken processen beoordelen ontdaan van menselijke (inhoudelijke) waarden. De slager keurt nogmaals eigenlijk zijn eigen vlees. Bij een formele gang naar de rechtbank is het dus zaak om juridisch meer onderlegd te zijn dan in dit handvest terug te vinden is. Toch blijken in de praktijk echter ook mensen zonder juridische kennis de rechter de mond te kunnen snoeren door simpelweg te vragen naar diens bevoegdheid om te mogen oordelen namens de Schepper. Immers *"ik leef volgens de wetten van de Schepper en iedereen die meent bevoegd te zijn te mogen oordelen namens de Schepper dient dat te kunnen aantonen"*. Anders is het onrechtmatig; het recht van de Schepper wordt misbruikt naar eigen inzicht en ten gunste van eigenbelangen of die van het systeem.

Voorts is er de adressering. Elke brief die op naam van een specifieke mens staat – immers je wilt praten met een mens die naar een bepaalde naam blijkt te luisteren – dient ook door de bedoelde mens beantwoord te worden. Hierbij geldt Artikel 13 vanuit de Grondwet; Briefgeheim. De praktijk leert dat hier aan voorbij gegaan wordt. Vaak door beide partijen. Als een brief naar de met naam genoemde burgemeester gestuurd wordt; is het juist om daar Pro Forma Artikel 13 bij te vermelden. De burgemeester en alleen de burgemeester is bevoegd en bij wet verplicht te antwoorden en de inhoud voorts geheim te houden voor zichzelf. Enkele antwoorden uit het ambtelijke en bureaucratische apparaat strooien met standaardteksten in hun correspondentie:

"U kunt geen bezwaar maken tegen de uitkomst van ons antwoord".

Het is een zielloze afkondiging. Er was geen vraag gesteld; de burgemeester was slechts geïnformeerd over het feit dat een mens uit de betreffende gemeente de burgemeester ervan kenbaar had gemaakt niet meer in interactie met zijn overheids- of gemeentemedewerkers te treden. En tevens dat op basis van elke oneigenlijke actie jegens die mens zonder diens wilsverklaring de burgemeester een boete kon verwachten, waarvan de hoogte afhankelijk was van de ernst van het vergrijp. Dit staat hiervoor al beschreven. De context van dit verhaal was de publieke dwangmatigheid door politie en BOA's inzake het handhaven van de coronarichtlijnen (waaronder de verplichte mondkapjes) voorgesteld door de overheid, zodat deze door iedereen wordt nageleefd. Een antwoord van de ambtenaar namens een andere burgemeester bevatte de uitspraak:

"Mocht er uit uw bericht blijken dat afhandeling of beantwoording niet nodig is, dan zult u verder geen antwoord ontvangen".

Deze opmerking impliceert dat de burgemeester naar eigen vermogen dan wel onvermogen een oordeel velt over de mate van urgentie en belangrijkheid van een bezorgd mens, die dat aan de burgemeester via een briefwisseling kenbaar maakt. Uiteraard zou de vraag aan de burgemeester kunnen zijn, waaruit blijkt dat de hij – een man in dit geval – de algehele waarheid in pacht heeft om te kunnen beoordelen dat de inhoud van de brief irrelevant zou zijn. Er wordt hem dus verzocht om aan te tonen dat hij zonder overleg met de andere mens een dergelijke conclusie kan dan wel mag trekken.

De mens vraagt uitleg inzake Artikel 33 uit het Burgerlijke Wetboek – Boek 3, zoals eerder al uiteen gezet. Vanuit simpele en menselijke waarden is deze terug vermelde opmerking het toppunt van onbeschoftheid! Het heeft werkelijk niets met gelijkwaardigheid, volwaardigheid, respect, integriteit en openheid te maken. Ook zou in een volgende brief alsnog het hier vermelde bedoelde artikel met betrekking tot het briefgeheim Pro Forma vermeld kunnen worden, waardoor de burgemeester wel zelf móet antwoorden en het niet aan een ander; aan één van zijn medewerkers mag overlaten. In beide beschreven gevallen is dat niet meegenomen; de brieven gaan uit van de scheve en ongezonde verhouding en betrekking tussen de goddelijke mens versus het zielloze systeem. Of het vooraf vermelden van het briefgeheim geholpen zou hebben, valt te betwijfelen. Maar dergelijke artikelnummers vooraf meenemen in de correspondentie aan elke overheid of haar directe of indirecte medewerkers is altijd goed. Dat alles maakt het dan ook lastig om de formele weg te volgen; als je dat doet, zorg dan dat je in overleg kunt treden met iemand of partijen die dergelijke artikelnummers jou binnen 'no time' kunnen aanreiken. Het toont het voortschrijdend inzicht van de mens die zich niet meer laat commanderen door een onvermogende overheid; onvermogend qua wil, kunde en ook qua financiën.

In dat licht is er nog een ander aspect dat speelt; de komende verkiezingen. Wederom is de alom populistische tendens namens de grote massa die beweert dat als iemand geen gebruik maakt van diens stem- of kiesrecht, hij/zij/het achteraf niet moet klagen over een mogelijk wanbeleid door hen die verkozen zijn door mensen die wel geloven in de kracht van het stemmen; het kiesrecht. Dat de praktijk al decennia uitwijst dat volksvertegenwoordigers mensen met een zuiver hart zijn met een echt geweten, is alles een utopie. Ook hier geldt de omgekeerde weg die de mens gaat bewandelen. Vooraf maak je bij de kiesraad kenbaar niet meer in interactie te treden met de overheid en alles wat daar mee te maken heeft. Elke verplichting of wel recht namens de overheid – die blijken het niet te zijn – leg je naast je neer. Daarnaast meld je dat je pas tot kiezen over gaat, als alles naar jouw inzichten – stuur desnoods dit handvest mee – zuiver, transparant en geijkt is aan een menselijke en gezonde samenleving als pleonasme – en je pas weer in gesprek met hen zult gaan; al dan niet middels het gebruik maken van je stemrecht. Je hebt immers het recht een geboden voordeel te weigeren, weet je nog? Achterin het handvest staat een simpel tekstueel voorbeeld. Het afwijzen of afhouden van dit voordeel houdt allerminst in dat de overheid dus een 'carte blanche' heeft namens jou om met of ook zonder gebruikmaking van het stemrecht dus alles mag doen 'wat God verboden heeft'. Juist dat laatste was in beginsel de aanleiding waarom jij als mens het vertrouwen in de overheid hebt opgezegd. Beloftes – de iure – bewijzen zich – de facto – of in het Nederlands: *"Voeg de daad bij het woord"* en de Engelse versie: *"Walk your Talk"*. Die tijd is geweest. Archieven vol met 'de iure' zijn niet in staat gebleken om er een meer menselijke samenleving van te maken.

Tenslotte zijn de beide aspecten 'de iure' en 'de facto' nog in het perspectief van geld te beschouwen, vanuit de bancaire wereld wel te verstaan. Om een huis te kopen heb je kapitaal nodig; een geldelijk vermogen – de iure – dat in de interactie een stenen huis vertegenwoordigt – de facto'. Tegenwoordig bouwt een aannemer een dergelijk huis in 10 tot 12 weken tijd. De competenties worden waargemaakt en het huis wordt overgedragen; de aannemer heeft waar geleverd voor zijn geld. In de luttele seconden voordat jij het hypotheekcontract met een financiële geldverstrekker tekent, rijst de vraag: *"Heeft deze geldverstrekker werkelijk 320 duizend Euro contant beschikbaar voor de woning?"* Het gaat hier om een vertrouwenskwestie die voorheen werd gedekt door het goud en zilver; 'de facto'. Op het moment dat de handtekening gezet is, is de geldverschaffer ervan verzekerd dat hij dit bedrag in zijn bezit heeft; gedekt middels het onderpand – het huis – als waarborg van het fictieve bedrag. De debiteur bekrachtigt middels de handtekening het bestaansrecht van de geldverschaffer als crediteur, waarvan vooraf wordt vermoed dat deze het bedrag als eigen tegenwaarde in diens bezit heeft. Wederom spelen hier de vertrouwelijke vermoedens vanuit de klakkeloze aanname dat alles goed geregeld is en zuiver wordt behandeld; niemand vraagt uit respect en fatsoen enig bewijs hiertoe van de geldverstrekker. Dat is de fictieve wereld van het geld enerzijds. Hierin ligt de ruimte voor alle manipulaties en corruptie; misbruik van het vertrouwen. Anderzijds gaat het over de betaling aan deze instelling. Het is algemeen bekend dat een hypothecair bedrag in minimaal drievoud wordt terugbetaald gedurende dertig jaar als looptijd voor een gemiddeld hypotheektraject.

Ik werk dertig jaar lang om inkomsten te genereren, waardoor ik fatsoenlijk kan voorzien in mijn levensomstandigheden en daarnaast kan ik voldoen aan mijn verplichtingen door de crediteur af te betalen – ongeacht het soort hypotheek en de fiscale verrekeningen hier buiten beschouwing latend. Wat heeft deze crediteur eigenlijk gedaan voor deze drievoud aan geld waarvoor de hypotheek is afgesloten? Hoeveel uur zal een bankier voor jou gewerkt hebben om in dertig jaar een slordige miljoen Euro binnen te halen? Vijf uur? Acht uur? Laten we het stellen op 20 uur. Dat impliceert dat de geldverschaffer voor 20 uur 1 miljoen Euro heeft verdiend. Dat is toch al gauw vijftigduizend Euro per uur. Natuurlijk is dat niet zo, maar het is duidelijk hoe enorm verwrongen de verhouding tussen debiteur – de facto – en crediteur – de iure – is geworden. Elke verhouding is zoek geraakt; zowel financieel qua uurloon als ook qua ieders tijdsinspanningen bezien. Ook dat is een aspect dat onder 'de iure' en 'de facto' beschouwd kan worden. Het is de wereld van de financiële bubbel, waarbij 'de iure' het geldsysteem alles behalve gedekt is door de werkelijkheid – de facto. En de overheid is partner in al deze trajecten. Deurwaarders worden naar mensen gestuurd om hun huis te ontruimen of zelfs hen uit te zetten in het geval zij niet meer voldoen aan de 'verplichtingen' jegens de geldschieter. Geen geldschieter zal na 28 jaar betaalde hypotheekrente de resterende 2 jaar kwijtschelden *"omdat ze toch al genoeg aan jou verdiend hebben"*. Schulden kun je overigens niet afbetalen of aflossen; die kun je slechts kwijtschelden of kwijt gescholden krijgen.

Het is de wereld van de afhankelijkheid tussen de fictieve en de bestaande wereld waar maar heel moeilijk los van te komen is, tenzij je je eigen vermogen aanspreekt; het doordrongen raken hoe het systeem werkt met alle ins en outs. Laten we nog een simpele berekening maken. Volgens de getallen uit november 2019 (Institute of International Finance) was de wereldschuld 247.000 miljard Euro voor alle 7 miljard mensen. Elke nieuw geboren baby begint dus met een schuld van 34 duizend Euro bij de eerste ademhaling. Bij de arme landen ligt dit anders dan bij de rijkere landen. Gelet op het feit dat iemand rond diens vijfentwintigste jaar op basis van een fatsoenlijk loon betaald werk gaat doen, dan is alleen al op basis van 1 % inflatie deze schuld opgelopen naar een drievoud; de itererende wiskundige processen van rente-over-rente. Inflatie betekent dus louter dat deze farce jou verder in de schulden brengt. Gelet op een inflatiepercentage van 2 % is deze schuld op iemands vijfentwintigste jaar een tienvoud! Wat gebeurt er met deze getallen en uitkomsten, als je onderwijl nog meer schuld maakt, zoals de bekende studieschuld? Jij bent dus – omgekeerd geredeneerd – enorm veel geld waard voor de overheid. Sommige experts schatten het menselijke Trustvermogen, waarvan de overheid (nog steeds) de begunstigde is, op 1,3 miljoen opbrengst per jaar! Jouw Trust is gekoppeld aan wereldfondsen met enorme hoge financiële rendementen. Vandaar dat het zaak is dit Trust terug te halen. Maar begrijp wel wat er allemaal speelt. De overheid is de laatste die op zeer vriendelijke toon jou als rechtmatige eigenaar qua nalatenschap haar 'melkkoe' overhandigt en daarmee teruggeeft.

Nu rijst mogelijk de vraag bij jou of deze inzichten voldoende zijn om een gezond weerwoord te geven naar de overheid. Nee, maar je hebt ondertussen wel een zeer goede basis gelegd met al deze inzichten. Zonder fundament en inzichten in de constructen ervan kan geen enkele steen samen met de andere stenen de muur van het huis vormen. De samenhang en de interactie is dus zeer belangrijk om te doorzien. Zonder een goede basis is elk detail als fragment binnen de wetgeving nog steeds net zo onbegrepen als daarvoor. Maar niet voor de rechtbank. Hiertoe hebben we een begrippenlijst gemaakt met soms uitgebreide beschrijvingen die jou nog verder op weg kunnen helpen. En daarmee wordt dit derde hoofdstuk beëindigd.

Emotionaliteit

Als extra toelichting volgt hier een essentiële uiteenzetting over wat mensen vanuit hun diepste doet bewegen; emoties. Wat zijn emoties? Emoties zijn de kleuringen van je innerlijke gevoelens; het totaalspectrum van emoties en hun processen zou je emotionaliteit kunnen noemen; de titel van dit speciale hoofdstuk. Je maakt iets moois mee en emotioneel gezien toon je vrolijkheid en blijheid. Daarentegen kun je ook iets vervelends meemaken. De aanloop is er naar toe erg belangrijk. Ben je onvoorbereid en gespannen of voorbereid en ontspannen, gelet op de huidige wereldomstandigheden; de enorme veranderende wereld om je heen in menig land? Wanneer is het eerste op jou van toepassing en wanneer het tweede?

Een goede voorbereiding gaat gepaard met het vertrouwen dat jij werkelijk weet en begrijpt waar je over spreekt; het is de essentiële sleutel tot succes, tevredenheid, zelfcontrole en vreugde. Door te begrijpen wat emoties zijn, hoe ze werken en hoe je ze aan jouw zijde kunt krijgen. Emoties gaan dan voor je werken, als je weet wat je doet of beter nog; je begrijpt het. Want meestal hoef je juist minder te doen. Dat is de bedoeling althans; weten wat jij wel of vaker, niet moet doen in nieuwe situaties. Je gaat begrijpen dat je perceptie in beginsel verantwoordelijk is voor de zich direct uitende emoties. Hoe zuiverder jouw perceptie van een situatie of omstandigheid is, hoe passender jouw bijbehorende emoties zullen zijn. Deze emoties zullen uiteindelijk coherent aan de situatie zijn; je bent niet meer overgeleverd aan de irrationaliteit of onvoorspelbaarheid van je eigen emoties. Volgens Plato staan emoties in analogie met water; als de aardse vorm; stromend als water. Echter in haar innerlijk bereik is water geheel onpeilbaar volgens 'I Tjing'; het Chinese 'Boek der Verandering'. Wat zijn emoties dan eigenlijk? Emoties als energiestromingen zijn de kleuringen als uiting of expressie van je innerlijke gevoelens; die van enerzijds onzekerheid en anderzijds van veiligheid. Je maakt iets moois mee als sensatie of ervaring en je uiting van dit gevoel – emotioneel gezien – is vooral vreugde. Ervaar je iets vervelends, dan is de 'tegenhanger' qua emotie frustratie, boosheid, verbittering of zelfs teleurstelling. Het proces van emoties gaat dus over een tweedeling vanuit jouw initieel emotioneel gevoelsmatige stabiliteit of stemming. Om verder te gaan met de uitleg aangaande emoties, is het dus wel duidelijk dat sensatie en emotie hand in hand gaan. De sensatie is introspectief en de emotie is extraspectief gericht; in hun eigen richting zijn beide dus simpel gezegd tegengesteld aan elkaar. Wellicht ken jij de uitdrukking: *"De 2 kanten van dezelfde munt"*. Emotie en sensatie zijn samen tevens de 2 zijden van dezelfde munt. Die munt met een specifieke en unieke samenstelling kun je zien als jezelf; die munt dat ben jij.

Een meer genuanceerd woord voor sensatie of ervaring is eigenlijk 'perceptie'. De term 'perceptie' impliceert dat je iets 'doorgrondt'. Dat kan met je zintuigen maar belangrijker nog; dan kan ook met je intuïtie. Dat laatste laat ik hier buiten beschouwing; dat vraagt om meer basiskennis, alhoewel het innerlijke doorgronden door je intuïtie gedaan wordt; zelf-sympathie. Het instinct werkt op basis van herkenbaarheid en de daar bijbehorende voorspelbaarheid. Deze daaruit voortvloeiende emoties zijn dus 'instinct' gebonden; het gaat om overleven; 'Intimate Defence'. Een nieuwe of onbekende situatie die in beginsel angst oproept, blijkt gewoon een situatie te zijn die ongevaarlijk is. Maar doordat jij de situatie niet herkende, werd je bang. Deze angst blijkt achteraf ongegrond; je leert van en vanuit de nieuwe situatie. Je wordt intelligenter en bent beter in staat je emoties makkelijker vooraf te 'parkeren' en op onderzoek uit te gaan; want daar gaat het om; ook in deze COVID-19 periode. Wat speelt er nu werkelijk? Laten we eerst verder de emoties als verschijnsel of het spectrum van emoties onderzoeken. Elk spectrum kent extreme of uiterste waarden; zo ook in het geval van emotionaliteit. Deze 2 extreme waarden zijn eigenlijk zoals Sigmund Freud het ooit beschreef, Eros als Liefde en Thanatos als Dood. Eros staat als liefde en als een eenduidige emotie voor de allerhoogste gelukzaligheid; om het spiritistisch te houden. Thanatos vertegenwoordigt bijna letterlijk de doodsangst. Het innerlijke gevoel en de bijbehorende emotie vallen dus in deze 2 uiterste waarden samen; ze zijn een eenheid vanuit synergie. Het is eigenlijk de status wanneer het Kind van de Schepper 'de eerste voet op aarde' zet. Complete onschuld, vrij van veroordelingen en overtuigingen. Het kind leeft vanuit de hoogst mogelijke zuiverheid zoals deze door de Schepper erin gelegd is; elke uiting van gelukzaligheid komt vanuit het plezierig gevoel tijdens het onderzoekend spel – 'Homo Ludens'.

Deze gelukzaligheid impliceert emotioneel gezien complete vrijheid. De keerzijde daarvan – de andere extremiteit – heet de doodsangst. Angst doet verstarren. Althans in de zin dat de mens niet meer in staat is om in mogelijkheden en nieuwe perspectieven te kunnen denken. Liefde en angst als een status zijn daarmee 'zijns'-toestanden geworden. Tussen deze genoemde 2 uiterste waarden zit een compleet spectrum aan afgeleide emoties vanuit deze 2 genoemde op basis van jouw innerlijke gevoelens die in jouw dagelijkse leven spelen. Het is de vraag welke kant of richting elke emotie je in elke andere situatie zal brengen; naar hemelse vreugde of toch naar totale (doods-)angst? We hebben gezien dat instinctief de emotie altijd gelieerd is aan angst en overleven; 'Intimate Defence'. Impliceert de irrationaliteit of onvoorspelbaarheid van jouw emoties naar het verval in negatieve emoties of klim je alsnog op naar vreugde?

Emotionaliteit gaat over de tweedeling vanuit de perceptie die jouw innerlijke metastabiele gevoelens beïnvloeden; je stemming, gemoedstoestand of de Engelse term; jouw 'esteem'. Je wordt ergens vrolijker of blijer van; dat zijn de progressieve emoties die jou naar de staat van gelukzaligheid leiden. En daar tegenover staan de afremmende emoties; die waardoor je boos gefrustreerd of zelf gedeprimeerd raakt. Deze regressieve emoties leiden jou naar een complete verstarring binnen de staat van angst. Het is ook alom bekend dat aanhoudende negatieve emoties, het niet mogen aangaan van emotioneel-sociale interacties met andere mensen en het leven in aanhoudende angst desastreus zijn voor je algehele gezondheid; dus hoe gezond is het afstand houden volgens de COVID-19 richtlijnen nu werkelijk?

Het effect zoals het coronabeleid overal gevoerd wordt, werkt je echte gezondheid dus tegen; op vrijwel geen enkel punt brengt het voordeel. Het brengt jou geen vreugde, alleen maar schijnveiligheid zoals de overheid dat wenst. En het meest frappante is zelfs dat zij de ondernemers opzadelen met het naleven en handhaven van de door hen gestelde regels. Pas als een confrontatie tussen 2 mensen uit de hand loopt of dreigt te lopen, zal er een BOA of politieagent bij betrokken worden. Dus ook elke ondernemer wordt voor het karretje gespannen door de overheid; ondernemers die al helemaal geen jurisdictie hebben. Pas in het conflict zal de BOA of agent uiteraard partij kiezen voor de ondernemer. Niet de BOA of politieagent heeft geconstateerd, maar de ondernemer. Het is een zinloos proces, die je hierna makkelijk kunt pareren; angst is overbodig. Immers de overheid baseert zich op voorwaarden en fictieve contracten (wetten en maatregelen), die louter het commerciële verdienmodel ondersteunen, daar kom je nu achter.

Mensen die in staat zijn de emoties van henzelf te begrijpen, begrijpen dat de angst misplaatst is, zoals het huidige beleid met haar jurisdictie en de bijbehorende rechtspraak gevoerd wordt. De angst komt voort uit de onkunde en onwetendheid van de mens zelf. Niet alleen de angst voor een misschien wel dodelijke virus, maar veel vaker door de dwingende houding van de overheid door met boetes te dreigen, wanneer jij nalaat om bijvoorbeeld een mondkapje voor te doen in met name publieke ruimtes. Enerzijds is door grote onderzoekers veel van de maatregelen en handelingen vanuit het coronabeleid als compleet nutteloos en misleidend verklaard, anderzijds weet jij nu dat je je gevoelens niet hoeft te laten beïnvloeden en overrulen door je eigen negatieve emoties die de overheid met haar beleid bij jou oproept. Je overstijgt de invloed van de overheid en het blijkt uit dit handvest dat jouw aanpak, zuiver, menselijk en juridisch correct is.

Het gaat dus alleen maar om zelfrespect en daarmee zelfkennis om op deze mindset te komen. Dat vraagt uiteraard meer of mindere mate van inspanning, maar de beloning is je innerlijke gelukzaligheid en vrijheid. Mensen die steeds meer gaan begrijpen, intelligenter worden en dus zelfbewuster worden, zien dat zij vanuit hun zelfkracht complete gelukzaligheid voor zichzelf kunnen creëren. Als je daartoe voor jezelf in staat bent, pas blijkt dat je dat ook voor anderen kunt. Het gaat over de moed van de leeuw in 'de Tovenaar van Oz' en het gaat over zelfrespect om te durven acteren vanuit de zuiverheid en integriteit die in je zit. Het is het gebruiken van je gezonde verstand, dat waar de vogelverschrikker naar op zoek was. En het is het gevolg om met zuivere emotionele empathie samen het leven te leven met andere mensen, zoals de robot dat niet kon en vrijwel alle overheidssystemen niet meer doen. Acteren vanuit zelfrespect en authenticiteit boezemt vele andere mensen angst in; gewoon omdat de meeste mensen in de grot van Plato leven. Zij ervaren slechts elke schaduw als veilige echtheid.

Echter, de echte confrontatie met je innerlijke waarheid en authenticiteit begint door je te gedragen als een levend en bezield mens. Dat betekent dat je de 3 remmende negatieve mindsets – Fixed Mindset – vanuit de emoties onderkent. Dat zijn namelijk schaamte, bezorgdheid en schuld. De direct aan de 'remmende' emoties gerelateerde mindsets als 3 zelf bekrachtigende mindsets – Growth Mindset – vanuit de emotie zijn respectievelijk moed, uitdaging en vrijheid. En ja, als er 1 aardse entiteit is, die indoctrineert vanuit het schuldgevoel, dan is het wel De Kerk zelf (Vaticaan). Dit alles en niets anders is het enige antwoord om jezelf los te maken van al die onterechte of onnodige emoties, mocht je nog tot de massale aantallen van mensen behoren, die nog steeds in Plato's grot wonen. Jezelf bevrijden kun je, daar je een mens en 'Kind van de Schepper' bent. De potentie die zich in dat innerlijke kind bevindt, dient zich slechts te actualiseren en dat proces daartoe valt geheel onder jouw eigen verantwoordelijkheid. Het emotionele resultaat zullen tranen van geluk zijn; je bent vrij.

Epiloog

Dit handvest of enchiridion zet de opbouw van het wereldse rechtssysteem uiteen. Met haar – in beginsel – goede bedoelingen heeft het een eigen vlucht genomen, waarbij elke vorm van menselijkheid is verwijderd. De Russische filosoof Mikhail Bakhtin schreef het ooit al: "*Code deliberately killed Context*". Door de mens als een stroman, een naam of desnoods een identiteitspas te beschouwen, is daarmee alle context van de echte levende mens verdwenen; de code heeft het overgenomen omwille van de snelheid en het gemak. Elke vraag die jou gesteld word door wie dan ook, kan dus met 'nee' beantwoord worden. "*Nee, ik ben niet Saskia, Erik of Wilfred. Ik luister er voor het gemak naar vanuit onze interactie maar ik ben het niet; ik ben niet een stukje. Ik ben een heel kind of schepsel van de Schepper en zo wens ik gerespecteerd te worden*".

Momenteel spelen er ook promotionele zaken om je Geboorte Trust op te eisen bij de gemeente. Is dat verstandig? Soms wel, anderzijds blijkt het overbodig. Door je gewoon als mens te blijven opstellen en alles afwijst waarmee de overheid jou probeert in hun eigen verzonnen definitie te plaatsen, welke jou onbekend is voordat het bespreekbaar gemaakt is, teneinde er je eigen goedkeuring of fiat vrijwillig aan te kunnen geven. Er zitten aan dergelijke acties als het opeisen van je Trust namelijk altijd risico's verbonden. Deze risico's zijn toewijsbaar aan de onkunde, de onwil en onwetendheid van het overheidsapparaat zelf. Zo geldt dat ook in het dagelijkse leven. Geen politie of BOA die jou zegt staande te (willen) houden op basis van hun observatie en motivatie, kent deze materie. Zij handelen louter op basis van de aan hen opgedragen instructies. Ze handhaven volgens de letter van de wet en zeggen ook zelf niet anders te mogen en verwijzen een echte discussie met hen naar de rechtbank. En ja, als hun instructies niet opgevolgd worden, volgt al gauw gedram dat soms aangevuld wordt met fysieke dreigementen en intimidaties. Elke hogere vertegenwoordiger dan een politieagent of BOA zal diens macht misbruiken om jou te dwingen tot overgave van jouw vrijheid over te gaan. De overheid heeft daarin helaas een lange adem. En dat maakt dat menig mens toegeeft om van de pesterijen af te zijn. En dus is het zeer verstandig – en dat zijn wij – om de situatie goed te bestuderen en dergelijke risico's goed in te schatten. In de meeste gevallen impliceert het dat je de confrontatie met overheden vermijdt; hun aanhef naar jou afwijst en mogelijke correspondentie door hen als 'retour afzender' retourneert. Dat betekent ook bij een mogelijke fysieke confrontatie met een overheidsinstantie of haar ingezetenen om in beginsel steeds naar de erkende bevoegdheid te vragen als bewijs dat deze overheidsvertegenwoordiger bevoegd is te mogen te beoordelen en te mogen oordelen over jou; die is er namelijk niet; je staat er namelijk als levend mens.

Het lijkt allemaal toch best wel rozengeur en maneschijn; immers alle mensen rechten staan ook nog eens beschreven in de Universele Verklaring van de Rechten van de Mens. Die zijn zeer duidelijk. Het is ook niet zo dat meeste mensen hierover hun twijfels zouden uitspreken. Nee, het gaat vrijwel altijd over een kleine groep mensen, die blijkbaar machtswellustelingen zijn en alles aanwenden om deze honger te stillen; ze gaan daarbij over lijken. Artikel 29 van de Verenigde Naties zegt:

"Een ieder heeft plichten jegens de gemeenschap, zonder welke de vrije en volledige ontplooiing van zijn persoonlijkheid niet mogelijk is.

In de uitoefening van zijn rechten en vrijheden zal een ieder slechts onderworpen zijn aan die beperkingen, welke bij de wet zijn vastgesteld en wel uitsluitend ter verzekering van de onmisbare erkenning en eerbiediging van de rechten en vrijheden van anderen en om te voldoen aan de gerechtvaardigde eisen van de moraliteit, de openbare orde en het algemeen welzijn in een democratische gemeenschap.

Deze rechten en vrijheden mogen in geen geval worden uitgeoefend in strijd met de doeleinden en beginselen van de Verenigde Naties".

In de 30 artikelnummers worden de rechten van de mens vanuit aardse perspectieven beschreven en als zodanig rechtsgeldig in haar uitvoering en actualisatie binnen het dagelijkse leven. Met geen woord wordt het spiritische, het spirituele of spiritualistische recht genoemd, dat de Schepper aan elk mens afzonderlijk heeft meegegeven. Kijkende naar de laatste 2 regels hangen de rechten ook hier af aan de mate van integriteit van de Verenigde Naties. Mochten ingezetenen andere inzichten gaan aanhangen, dan veranderen daarmee de doelstellingen. Indien deze doelstellingen echter in strijd blijken te zijn met de tot dus ver geldende rechten van de mens, dan mag de mens krachtens deze laatste 2 regels niet in verzet komen tegen de nieuwe inzichten van de Verenigde Naties. Het lijkt op een ontsnappingsclausule. De tijd zal het leren in hoeverre veranderingen zullen doorgevoerd, immers de hedendaagse onrusten zijn niet gebaseerd op volkeren en naties onderling, maar vinden momenteel hun oorsprong in de strijd tussen overheden van naties en hun ingezetenen. Hieruit blijkt hoe belangrijk het geloof en vertrouwen in de Schepper dient te zijn. Immers indien de rechten van de mens vanuit die door de Schepper gegeven niet absoluut zijn of als absoluut worden erkend – het recht tot vrij leven – dan is het leven op aarde niet het leven meer zoals dat bedoeld was te zijn. Alleen liefde en respect zal alles uiteindelijk het kwade overwinnen. Liefde is immers verbonden aan de hoogste Bron. De doelstellingen van de Verenigde Naties geven immers duidelijk te kennen dat men vrede en harmonie nastreeft en dat kan niet opgelegd worden maar komt uit ieders hart. Haar ontstaan is absoluut en daarover valt niet te onderhandelen.

Als kind van de Schepper vervoeg ik me naar deze Schepper; niet naar verzinselen van mensen die hiertoe totaal geen bevoegdheid hebben over de andere mens dan over zielloze labels, codes of andere vormen van papieren of bureaucratische fratsen waarvan zij opperen dat ik als mens dat ben. Ik ben als levende mens een creatie van de Schepper en niet dat wat zij ervan maken in hun beperktheid van denken. Ik ben geen product van hun denken, maar een creatie van de Schepper. Daar blijf ik bij; al het andere wat aan mij gesuggereerd wordt te zijn, ontken ik ten stelligste. En anders zeg ik dat ik 'V.C.' vertegenwoordig; 'Vi Coactus' of 'Victus Coactus'. Dit is een gebruikte term uit het Latijn wat impliceert dat ik gedurende deze bepaalde activiteit en in deze situatie en omstandigheden een mens ben die onder dwang handelingen doet ten gunste van een ander. Het eerste impliceert 'door dwang' en het andere benadrukt extra dat ik slachtoffer – 'victus' (overwonnene) – van dwang ben. Hiermee zal elke vrijwilligheid mee vervallen en is er dus sprake van oneigenlijk machtsgebruik;

misbruik dus zonder wederzijdse consensus; Artikel 1 – Regel 2 van het Burgerlijk Wetboek – Boek 1, waarvan we de eerste regel al eerder besproken hebben. Het zegt dat persoonlijke dienstbaarheden, van welke aard of onder welke benaming ook, niet worden geduld. Het gaat hierbij immers om pure slavernij. En dus mag de rechter hier 'recht' over uitspreken. Er zijn uiteraard nog vele andere inzichten te geven, die jou in je kracht kunnen zetten. Al zullen niet alle omstandigheden en activiteiten leiden tot een fysieke vrijheid, het belangrijkste is het gevoel in en vanuit je hart dat je vrij bent en dat is het allerbelangrijkste. Daar kan geen overheid tegenop.

Het geeft jou innerlijke vrijheid, die tegenover de processen staat, die momenteel spelen; algehele controle over de andere mens. Het laten uitvoeren van COVID-19 beleid door menig overheid, die in feite gewoon marionetten zijn – is slechts een maskering daarvan. Het gaat uiteindelijk om genocide ten aanzien van minimaal twee-derde van de wereldbevolking en alle overgebleven mensen dienen onvoorwaardelijk te gehoorzamen aan deze kleine club. Dat is de insteek van de vrijwillige acceptatie van elk vaccin dat bedacht is en nog bedacht gaat worden. Als naast vrijwillige acceptatie met de tegenhanger vrijwillige weigering dat laatste betekent dat de weigerende mens op basis daarvan sociale inclusiviteit wordt onthouden, gaat het dus niet meer om vrijwilligheid; vrijwilligheid volgens andermans voorwaarden is gewoon chantage. Het is het pure Satanisme wat hen drijft; destructie en onderwerping van het aardse leven voor eigen macht en genot. Jezelf verlichting bieden is het beste wapen hiertegen. Succes met je leven in totale en absolute vrijheid.

Verklarende woorden- en termenlijst

Dit laatste deel van het handvest is niet zo maar een opsomming van termen en woorden in hun uitleg, maar het refereert al schrijvend ook naar de teksten ervoor. Een mooi uit het Latijn afkomstig woord hiervoor is *"Explicanda"* – *"Dat wat uitgelegd dient te worden"*. Wilfred bedacht dit woord al in 1988, dat in analogie staat met het woord 'Agenda' – *"Dat wat gedaan dient te worden"* (het Latijnse 'agere') staat. Het geeft de potentie van taalgebruik aan vanuit het scheppen en creëren van het nieuwe woord; het hoogste goed van de mens als evenbeeld van diens eigen Schepper. Door deze beschrijvingen kan het goed mogelijk zijn dat je de eerdere teksten nogmaals 'moet' lezen voor de juiste genuanceerdheid ervan. Immers de zuiverheid van de context bepaalt de zuiverheid van het woordgebruik. Hiermee kom je zijdelings ook op de diepere inzichten uit dan jij of een gemiddeld mens mogelijk ooit tot zich heeft genomen aangaande deze materie. Dat is prima en in hoeverre deze inzichten voldoende genuanceerd zijn, zal achteraf blijken als je erop reflecteert. De woorden en termen zijn overigens in enige willekeur qua volgorde opgesteld.

Een **Implicatie** houdt in dat de gegeven of beschreven betekenis en waarde als zodanig zich in het woord, de term of in de uitdrukking bevindt, waarop de implicatie betrekking heeft. Het is alles behalve zo dat dit de enige betekenis of waarde is die zich erbinnen bevindt. Het is er 1 van vele die slechts 'ingevouwen' is – 'Pli' of vouw – naast ook andere betekenissen. Betekenissen bestaan per gratie van de beweging – het ex-pli-ciet maken (uitvouwen) – in het gevoel van de situatie middels open conversaties tussen echte levende mensen die hun empathisch vermogen hiervoor inzetten. Zonder empathie ontstaat stilstand en blijft de ingevouwen betekenis en waarde functieloos; het is daarmee slechts een plat geuite constatering van een zielloos **Persoon** die louter dupliceert.

Een **Definitie** of het definiëren als proces produceert per **Definitie** altijd beperkingen aangaande dat wat gedefinieerd is of wordt. Een definitie is dus nooit wat het verschijnsel – dat wat men definieert – oorspronkelijk vanuit haar heelheid bezien, is. De ontologische waarde en betekenis is daardoor in haar toepassing als vervolg op de uitkomst van een definitie niet langer integer. De mens is een heelheid; een kind van de Schepper. De persoon is daar de gedefinieerde versie van namens de overheid en daardoor is de persoon niet de integere entiteit, die de mens als levend en bezield wezen wel is.

"De Schepper schiep de mens. De mens schiep de overheid. De overheid schiep de burger." De **Burger** is een burgerlijke dode of zielloze entiteit, die opereert als mede-trustee en mede-begunstigde van de Public Charity Trust, die de debiteur (schuldenaar) in 'gevangenschap' of slavernij houdt, terwijl een **Burger** (citizen) over het algemeen een lid van een vrije stad of een vrij land is, die alle rechten en privileges heeft die een **Persoon** maar kan hebben. Of anders gezegd; de 'Publieke Werknemer' of **Stroman** werd gecreëerd door het sofinummer; het latere BSN. Met sociale zekerheid verkrijgt de mens – als neutrale entiteit gelet op ieders gender – voorrechten onder een nationale franchise van de overheid. Hij/zij/het (de mens) behoort toe aan de overheid en valt onder de jurisdictie van de administratieve rechtbanken

(bestuursrecht). Hij/zij/het is een openbaar agentschap van de bedrijfsstatuten/wetten van de overheid die hem 'beschermt' en geniet voordelen, immuniteiten en franchiserechten en heeft verplichtingen en aansprakelijkheden. Hij/zij/het is dus een ingezetene, een individu, een burger en houdt zich bezig met handel en zaken (public officer) en bestaat binnen de grenzen van de wettelijke jurisdictie en woont in publiek bezit. Zijn/haar commerciële status is schuldenaar omdat hij/zij/het op de plek van de schuld woont, diens betaling is de schuldverrekening met toekomstige lastenverlichting. Om de licenties en privileges te compenseren, moet hij/zij/het belastingen betalen die hij/zij/het verschuldigd is (= wettelijke afdwingbaarheid).

Een **Soeverein** is vrijgesteld van de aanklacht. Op de logische en praktische gronden dat er geen wettelijk recht kan bestaan tegen de autoriteit die de wet maakt waarop de wet is gebaseerd. Een soeverein hoeft een andere soeverein niet te vertellen dat hij soeverein is. De soeverein is gewoon soeverein door zijn bestaan; soevereiniteit actualiseert zich bij en middels de geboorte van de mens zelf; als kind van de Schepper.

De **Schepper** schiep de mens, gaf hem/haar/het een goddelijke ziel, blies hem/haar/het levensadem in en schonk elke mens tevens 'rechten' om zelf beslissingen te kunnen maken. De Schepper houdt zich doorgaans afzijdig en is daarom relatief onbekend. De Schepper kan slechts op 1 manier geduid worden en dat is door te zeggen dat de **Schepper** onbeschrijflijk is. Daarmee is de **Schepper** integraal alles wat Het wel kan zijn als ook wat Het niet kan zijn. Alles is daarmee mogelijk; ook niets. De mens mag van deze enorme rijke wijsheid gebruik maken.

De **Mens** is bij geboorte soeverein en vrij met al zijn onvervreemdbare rechten; juridisch gezien zowel de soeverein en schuldeiser als de beheerder en begunstigde van Gods schepping, medeauteur van het toneelstuk aarde; opdrachtgever en schepper van zijn regering en de belasting; zeer vergeetachtig, offervaardig, wel wat dom, maar vooral angstig; gelooft al gauw alles wat de autoriteiten zeggen en zegt dientengevolge op alles 'ja' voor de goede vrede en harmonie, want zo is de mens geboren; het vermijden van competitieve conflicten. Het woord 'mens' kun je beschouwen als een acroniem van de woorden Mentaal-Emotioneel-Neuraal-Sociabel of Sympathisch (Wilfred – 2012).

De term '**Armlengte**' heeft alles te maken met vertrouwen en emotioneel en fysiek contact tussen 2 mensen; op basis hiervan tot elkaar durven treden en elkaar de hand schudden of samen de handen ineen slaan. Het is meer dan symboliek; het gaat om de energetische samenvloeiing van 2 menselijke energieën die samenkomen in de handdruk na contractonderhandelingen. Voltaire zei ooit al: *"Handel verbroedert"*. De gehele 1,5 meter afstand maatregel vanuit het COVID-19 beleid is daarmee desastreus, al wisten we onderhand al dat de afstand tussen overheid en burger in beginsel, laat staan tussen de overheid en de mens allang op zeer grote afstand van elkaar plaatsvindt.

Personen impliceren juridische ficties, stromannen, legale namen, trustvermogens, titels, effecten aan toonder, effecten en zaken te zijn. Ergo, niets werkelijks, niets reëels. '**Persona**' staat voor een gemaskerde entiteit om de levende echtheid die erachter schuilgaat, te verhullen.

Een **Estate** betekent in de breedste zin het 'staan' van een mens; hoe iemand erbij staat, hoe het met iemand staat of wel hoe iemand zich staande houdt in de huidige omstandigheden. Hierbinnen zijn er 5 dimensies te onderscheiden. Deze zijn respectievelijk van de hoogste naar de laagste dimensie: Schepper (God) – Royaliteit (koning/'le roi') – Rechtsspraak (Master of bedrijf) – Burger (Slave of ondergeschikte) – Techno-informatie (feitelijke kennis en 5G). De richting in het huidige tijdsbestek is omgedraaid. De rechtsspraak is gelieerd aan en wordt benaderd vanuit de zielloze techno-informatie die de burger zich dient wel te gevallen. Elke beroep op en roep naar de goddelijke rechten lijken hiermee vooraf gepareerd te worden; de 'respectloze' linker hersenhelft van de analyse overrulet een symbiotische samenwerking met de altruïstische rechter hersenhelft, waardoor synergie onmogelijk wordt om als mens tot een goddelijk besluit te kunnen komen en deze ook te kunnen maken. Immers de linker hersenhelft ambieert onderscheid of divergentie (differentiatie en exclusiviteit) en de rechter hersenhelft ambieert versmelting of convergentie (integratie en inclusiviteit). (met dank aan Frans van Wamel voor zijn inzichten)

Een **Naam** is een woord of woorden, gebruikt om een **persoon** te onderscheiden en te **identificeren**; de bekende **Nomenclatuur**. Het rechtssysteem heeft de naam geschapen om deze als stroman te gebruiken, want fictie kan niet met de mens zelf interacteren. De naam in HOOFDLETTERS is dat wat men gebruikt (o.a. de Belastingdienst), om ons helemaal op de foute weg te leiden. Het is heel duidelijk; want slechts dat, wat men geschapen heeft, kan men beheersen.

* God schiep de mensen, over welke God heerst.

* De mensen schiepen de regering, waar ze over heersen.
* De regering schiep de naam, over welke zij heerst.

De overheid of desnoods regering kon de ware naam van de mensen corrumperen en haar als handelsnaam via de geboorte acte gebruiken. En zo ontstond de burger en hem kon men als onderpand (surety) voor de staatsschulden gebruiken. Dat is het doel van de burger en van de naam. Want zekerstelling betekent een naam van een persoon, die als eerste verantwoordelijk is voor de betaling van de schulden van iemand anders. Met een contract wordt, in termen van een zekerheidsstelling, 'een zekerheid deel van de verplichtingen van de principaal'.

Het begrip '**Cestui Que Vie**' is een van oorsprong Franse uitdrukking voor hij/zij/het wat leeft; 'ten overstaan van het leven'. Het is een juridische term voor een persoon die de begunstigde is van een trust of een verzekeringspolis, met rechten op eigendom en het inkomen en de winst die het eigendom oplevert. Een **Cestui Que Trust** is de persoon die recht heeft op een rechtvaardig, in plaats van legaal, vertrouwen in de boedel. Het idee achter de Trusts staat in de Bijbel waarbij de Bijbel aarde en hemel als Gods persoonlijke bezit identificeert, de gelovigen zijn de beheerders/trustees van dit bezit. De grondleggers van de trusts waren de profeten die de Bijbel schreven door te handelen als 'agenten van God' en als zijn begunstigden fungeerden. *"Als u uw rechten niet uitoefent, hebt u er geen!"* Degene die zwijgt, wordt als instemmend beschouwd. In het Latijn: *"Qui tacet, consentire videtur"*. Zo lang jij geen aanspraak maakt op je **Geboorte Trust**; geen gebruik maakt bij de rechtbank duidelijkheid over de **Trust** en haar achterliggende doelstellingen te vragen, gelet op de hoedanigheid dat jij ten overstaan van een rechter je als **Trustee** moet verantwoorden, zal je je in die positie blijven bewegen. De overheid is natuurlijk bevreesd dat jij je **Geboorte Trust** zult opeisen; er staat als **Trustee** immers maar 1 (en geen 2) echte handtekening onder en die behoort toe aan de overheid zelf als tijdelijke conservator totdat de rechtmatige eigenaar deze zelf opeist; jij.

De **Lucht-Jurisdictie** blijkt bij de 'Heilige Stoel' of 'De Kerk' (Vaticaan) te zijn en is universeel, wereldwijd en functioneert zonder rekening te houden met religieuze voorkeuren naar vrije wil van en keuze door individuele mensen, zoals het is. Deze dimensie staat voor transparantie of wel 'zwart-op-wit' ten behoeve van onderlinge correspondentie. Lucht in de vorm van zuurstofatomen staat ook voor de verbintenis van het rode menselijke bloed met haar ijzerionen – als concrete en grijpbare materie – met de lucht of de daarin zich bevindende zuurstof; de abstracte en ongrijpbare materie. Beide componenten bieden de garantie om te kunnen leven. Het is de synergie van aardse met hemelse energie.

De **Zee-Jurisdictie** is ook een internationale aangelegenheid. Deze regelt alle commerciële zaken op zee en wordt wereldwijd beheerd door de Britse CROWN-tempel, ook bekend als Westminster. De blauwe weergave is ten behoeve van correspondentie gerelateerd aan het 'blauwe' water in de zee. Het staat ook voor iemands emotionele betrokkenheid – water is immers magnetisch – en iemands ambitie vanuit diens zuivere intentie. Het onpeilbare water (de iure) dat – eenmaal op het land – haar actualisatie (de facto) tegemoet kan zien; het water neemt de vorm aan van de vaste materie om zich heen. Elke maritieme wet dient zich te transformeren naar de mogelijkheden van de landwet; water en land maken contact en er vormt zich een contract met een gezamenlijke meerwaarde vanuit deze synergie.

De **Land-Jurisdictie** als recht van het land is nationaal en omvat alle levende mensen evenals al het andere leven óp het land. Elk rechtsgebied heeft diens eigen rechtssysteem. De rechten van de mens-op-land zijn immers gebaseerd op 'grond'-wetten in plaats van gebaseerd op 'water'-wetten. De mens kan immers louter op land leven. Ontzegging van iemands grondrecht impliceert het ontzeggen van het levensrecht van die mens. De in rode weergave geschreven correspondentie is gerelateerd aan de passievolle en levende mens gemaakt van vlees en (rood) bloed. Een extra dimensie in de schriftelijke correspondentie uit zich in een met rode inkt handgeschreven document of brief; afgesloten met een vingerafdruk van eigen bloed als vervanger van de eigen handtekening. Hier komt onomstotelijk de uitdrukking 'kleur bekennen' vandaan; je ben een echt en levend mens middels de kleur 'rood' van je bloed. (met dank aan Frans van Wamel voor zijn inzichten aangaande de kleuren)

De **Trustee** houdt goederen niet voor zichzelf, maar handelt volgens de voorwaarden van de trust. Hoewel de trustee eigenaar is, heeft hij/zij/het in principe geen recht op de vermogensbestanddelen of de daaruit voortvloeiende financiële gelden. Hij/zij/het zal hooguit een vergoeding krijgen voor verrichte diensten. Anderzijds kan de trustee ook niet aansprakelijk worden gesteld voor aan de bestanddelen klevende schulden, tenzij deze zijn ontstaan door diens nalatigheid.

Elke **Trustee** (fiduciair) wordt door de wet beschouwd als een **Gevolmachtigde** voor de **Stroman**. De stroman is zoals de term letterlijk is, een lege of strooien entiteit en wordt louter als fictief persoon ingezet om vanuit de fictieve wereld van de overheid en haar gehanteerde rechtssysteem in contact te komen met de werkelijke wereld; met die van de mens en met de mens zelf. De stroman is een verstandeloze en een begripsonvermogende tussendimensie (doorgeefluik) om daarmee door de overheid en haar rechtssysteem het directe en levende contact met de mens te vermijden. Het is het transformatieproces tussen de publieke en de private dimensie. Alle documenten die de natuurlijke persoon ooit heeft ondertekend, waren gericht aan de naam van de stroman en voor hem, de opdrachtgever, hebben wij als natuurlijke persoon (in de hoedanigheid van zijn agent) alles ondertekend. De stroman is de ingezetene (inwoner) en wordt binnen de gegeven jurisdictie geïdentificeerd als onze juridische persoon.

Een **Dagtekening** is het moment waarop een brief of formeel document wordt geschreven en in principe ook diezelfde dag per post verzonden wordt aan de geadresseerde. Deze geadresseerde meldt in de meeste gevallen dat de post ontvangen is en koppelt daar een antwoordtermijn aan vast; afhankelijk van hun eigen procedures inzake postafhandeling. Wat veelvuldig plaatsvindt is dat gemeentes en overheden nalaten te stellen dat de periode voor een mogelijk bezwaar dat uit het antwoord gegeven door de betrokken ambtenaar volgt, al ingaat op het moment dat de post daadwerkelijk – de facto – in ontvangst genomen is; gelieerd aan de dagtekening op jouw brief. Dat staat daarnaast nog los of iets – een brief – qua vorm juridisch geaccepteerd is; de ontvankelijkheid – de iure. Door het nalaten van het tijdelijk geven van een antwoord kan daardoor de daarmee samenhangende bezwaartermijn eveneens verlopen, zonder dat jij daarop van de op de hoogte bent gesteld dat deze koppeling actueel is. Zonder dat de overheid jouw brief op tijd beantwoord heeft en zich verontschuldigt voor dit onzorgvuldigheidje van hun kant, vervalt daarmee tevens de mogelijkheid tot bezwaar maken, ongeacht welk antwoord er nadien nog mocht volgen op jouw brief. Onzorgvuldigheden als deze zijn op zichzelf bijna nooit strafbaar, wel onmenselijk zoals het op deze manier bewust wordt gehanteerd door menig overheid.

De **CROWN-bankiers** en andere elites: schuldenaren en agenten van de mensen; trustees, dus zonder rechten; geloven dat ze tegenstanders van de Schepper zijn; hun gereedschappen zijn wetten en geld.

Het **Rechtsvermoeden** impliceert een rechtsvermoeden en is een vermoeden dat het bestaan van het vermeende feit afdwingt, zodra het basisfeit is bewezen en er geen bewijs van het tegendeel is geleverd. Het rechtsvermoeden is onweerlegbaar door voldoende bewijs.

Een **Bewijs** impliceert een vaststelling van een zichtbaar of concreet feit of een hypothese als waar door voldoende bewijs' Men gaat akkoord met het **Vermoeden** en alle gevolgen van dien, indien men zwijgt. Het Latijnse *'Qui tacet consentire videtur'.* Waarbij de term **Vermoeden** het geloof in een onvolledig bewijs impliceert.

De term **Sui juris** impliceert het vermogen om de eigen zaken te kunnen en te willen beheren.

Beneficiaire Aanvaarding betekent een vrijwillige aanvaarding bij vol bewustzijn in de functie van een begunstigde.

Een **Trust** is een handelsentiteit dat geld genereert voor haar begunstigde(n).

Een **Fiduciaire Plicht** impliceert een plicht om te handelen ten behoeve van iemand anders diens voordeel.

Een **Privilege** impliceert een individueel en bijzonder nut of voordeel dat een persoon, een bedrijf of klasse geniet, voorbij de algemene voordelen van andere burgers, 'een uitzondering op de regel'.

Een **Begunstigde (Beneficiary)** is iemand voor wiens gebruik een **Trust** is geschapen.

De **Borg** of wel de huisvestingspartij is een partij die zich garant stelt voor een lening aan een andere partij zonder enig voordeel voor zichzelf. De opdrachtgever blijft primair aansprakelijk, terwijl de zekerheid, de agent, secundair aansprakelijk is.

Het **Affidavit** een handgeschreven of gedrukte/geprinte verklaring met omschrijving of beschrijving van feiten, uit vrije wil opgesteld en bevestigd door een 'eed' (oath) of 'belofte' (affirmation), gedaan voor een ambtenaar die de bevoegdheid heeft om een dergelijke eed af te nemen. Een affidavit is een schriftelijke verklaring onder ede – met de hand op de bijbel – opgesteld zonder openbaarmaking aan de tegenpartij. **Affidavit** betekent vanuit het Latijn: *"Hij/zij/het heeft onder ede bevestigd"*.

Ficties (personen) kunnen echter nooit met mensen van vlees en bloed in overeenstemming gebracht worden, zodat het rechtssysteem nooit met 'mensen' in interactie kan zijn, simpelweg omdat het hen niet aan kan spreken. Het luistert niet naar en het spreekt niet toe; er ontbreekt elke vorm van het empathische vermogen om vanuit menselijke waarden te kunnen communiceren.

Het **Vruchtgebruik** impliceert het recht om iemands bezittingen enige tijd te gebruiken zonder deze te schaden of hun waarden te verminderen.

Een **Bezitting** komt vóór de **Trust** en een ding kan niet aan een ding toebehoren. Een diamant behoort niet aan een gouden ring toe. Dus moet voorheen een mens bestaan hebben! We kijken later naar de manier waarop we dat oplossen, wanneer wij, de levende mensen, met onze **Stroman** een contract afsluiten. Net zoals een staatsregering een kunstmatige persoon is, een kunstmatige creatie van het verstand, een abstractie, kan een staatsregering slechts op dit niveau met andere kunstmatige personen interacteren. Deze fantasiewereld heeft geen actualiteit noch een substantie. Het is uitgesloten, dat daarmee een gelijkwaardigheid met het ervaarbare en grijpbare kan worden bereikt, omdat zij (de fantasiewereld) niets met de reële werkelijkheid te maken heeft. De legale manifestatie daarvan is, dat geen openbaar lichaam zich met iets anders kan bezighouden dan met fictieve personen en de handelscontracten tussen hen.

(bron: onder andere het boek *"De soevereine mens"* – ISBN 9789078070788)

Wilfred Bastiani is een zeer empathisch onderzoeker die alles bestudeert wat met Human Nature te maken heeft. Als schrijver heeft hij inmiddels meer dan 30 studieboeken op zijn naam staan, die bedoeld zijn voor professoren en lectoren binnen de disciplines Psychologie, Filosofie en Leiderschap bij diverse universiteiten, wereldwijd. Als bronnen worden Psychologie, Antropogonie, Filosofie, Kwantumfysica, Wiskunde, Chaostheorie, en Antroposofie geraadpleegd. De meest relevante namen zijn Nikola Tesla, Henri Bergson en David Bohm. De belangrijkste sleutelwoorden zijn hierbij intuïtie, intelligentie en integraliteit.

Saskia van de Riet heeft zich sinds haar vroegste jeugd al verdiept in taal, tekst en verwoording. Ze is een bemiddelaar pur sang en kan vanuit zuivere inleving de essentie verwoorden. Ondersteund door technisch en ruimtelijk inzicht evenals een scherpe observatie van overzicht in al zijn nuances zet zij zich in voor de waarachtige betekenis van communicatie en overdracht, waardoor mensen beter uit waarden leren communiceren.

Erik Hofstra staat bekend als een sympathiek mens, die met name hoger opgeleide mensen begeleidt en coacht naar veelal ander en belangrijker nog, meer passend werk. Daarbij zorgt hij ervoor dat de motieven, de drijfveren, talenten met de bijbehorende valkuilen en hun levensdoel helder in kaart worden gebracht, waarmee zij hun persoonlijke blauwdruk krijgen. Hij voegt daar zijn hoogwaardige marketing inzichten aan toe, waardoor iedereen succesvol wordt. Vervolgens kunnen ze als mens de rest van hun leven met vol zelfvertrouwen hun hart volgen.

Frans van Wamel (introducé) heeft een passie voor advies op het gebied van transformaties van organisaties, de menselijke dynamiek en leiderschapsontwikkeling vanuit de Triple Bottom Line concepten. Zijn uitgebreide ervaring in Australië strekt zich uit tot grote organisaties. Zijn nuchterheid en zijn groot vermogen om in te spelen op de behoeften van mensen, maakt hem een uitstekende mentor om nieuwe en integrale relaties tussen de verschillende lagen van elke organisatie te vormen.

Ik als levend en bezield mens, ..., geboren op ....- ......- .... te ...., heb de inhoud van dit boekje grondig bestudeerd en heb alles wat daarin vermeld staat en uitgelegd wordt, volledig begrepen. Op basis van dit als ook van verder onderzoek buiten dit handvest heb ik besloten me vanaf heden te distantiëren van elke interactie met de Nederlandse overheid en haar vertegenwoordigers. Ik zal me op geen enkele wijze meer vervoegen tot, conformeren en committeren aan de vragen, verzoeken en eisen die de overheid jegens mij oppert. Gelet op de achterliggende jaren heb ik zeer sterke vermoedens dat alle activiteiten van de overheid de algehele moraliteit, elke mens-gerelateerde ethische norm, de menswaardigheid en menselijkheid als ook flora en fauna compleet ruïneren. Ik vereenzelvig mij daar totaal niet mee als levend en bezield mens. Indien de overheid daadwerkelijke beterschap toont en hiervan mij bewijzen overlegt, pas dan ben ik bereid weer met haar in gesprek te treden. Aldus besloten.

Tijdelijke verblijfplaats: ....

Huidige datum: ....

Bewijs van leven: ....

(handgeschreven tekst met rode inkt, afgesloten met een vingerafdruk van eigen menselijk bloed als de vervanger van een met de hand geplaatste handtekening – als het levende bewijs van de mens)

De uitgebreide en formele versie van deze motivatie, benodigd voor het terugvorderen van je Trust bij de gemeente, is bij ons op te vragen.

Syntax Grammar

de zuiverheid van de taal

(speciale editie door Wilfred)

Correct Sentence Structure Communication Parse Syntax Grammar Performance – c-s-s-c-p-s-g-p

Deze bijlage betreft de uiteenzetting vanuit de zuiverheid van de taal. Als je iemand vraag hoeveel 'drie plus drie' is, dan antwoordt de ander hoogstwaarschijnlijk gewoon met 'zes'. Als je iemand vraag hoeveel 3 + 3 is, dan antwoordt dan ander hoogstwaarschijnlijk gewoon met 6. Het feit dat ik deze zin tweemaal schrijf, impliceert dat er een wezenlijk verschil bestaat tussen wat de letters op papier vertellen en wat je als woorden hoort. En dat is waar deze bijlage over gaat. In het handvest zelf is al veelvuldig gesproken over de fictieve wereld – de iure – en de werkelijke wereld – de facto.

Grondlegger van de methodiek als in de titel beschreven staat, is :David-Wynn :Miller. Hij ontdekte als rechter dat vrijwel alle contracten meningen en opinies waren en dat vrijwel geen contract iets feitelijks had vastgelegd, maar dat het een serie van misleidende woorden zijn, die suggereren dat contracten zuiver in de letter zouden zijn en daarmee gelijkwaardig voor beide partijen zijn. Zijn meest bekende voorbeeld van waar ik mee begon is de Engelse optelsom; 2 + 2 = 4; *"Two plus two equals four"*. Echter in het Engels heeft de fonetische klank van 'toe' meerdere betekenissen zoals 'to' – 'naar' en 'too' – 'ook'. Ook het woord 'four' kent 'fore' en 'for' als gelijke uitspraak voor het Nederlandse 'voor'. En dan laat ik voor het gemak nog maar de verschillende dialecten buiten beschouwing! En daarmee is op een zeer simpele wijze de misleiding ingeleid. Het is de suggestieve insinuatie die leidt tot het gedachtepatroon dat de ander met deze uitgesproken woorden op papier '2 + 2 = 4' bedoelt. Zo werken rechtbanken ook. Alles binnen rechtbanken wordt gezien als bijvoorbeeld: *"3 + 3 = alles behalve 6"* zonder dat expliciet te zeggen, terwijl jij met je gezonde verstand gewoon of wel onbewust van '6' als antwoord uitgaat. Wat is dan de insteek van David Miller? Hij zegt dat geschreven taal in bijvoorbeeld contracten eenduidig moet zijn zoals elk wiskundige som dat ook is. Hij gebruikt dan ook maar twee vormen van het werkwoord 'zijn' of wel het Engelse 'to be'. In een enkelvoudige persoonsvorm hanteert hij 'is' en in een meervoudige vorm 'are'; de rest van alle werkwoorden vervallen in zijn contracten. Op deze wijze benadert hij ook elke wet; te vaak blijken het meningen te zijn in plaats van echte feitelijke duidingen. Dat als korte inleiding.

Dit verhaal van taalcorrectie staat niet op zichzelf. Het gaat over jurisdictie. In het handvest is het al aangegeven; de overheid hanteert haar jurisdictie op een oneigenlijke manier. Jij wordt staande gehouden en op basis van een gesproken tekst wordt jouw mogelijke overtreding uitgelegd. De politieagent of BOA citeert uit diens jurisdictie; hun waarheid weergegeven met hun woorden en termen. Maar is dat ook jouw waarheid; vanuit jouw jurisdictie bezien? En welke jurisdictie heb je dan eigenlijk zelf? Als voorbeeld kun jij jezelf als eigen 'vessel' zien of als een schip dat onder buitenlandse vlag de haven van een ander land binnenvaart. Jij loopt hier als voorbijganger op aarde rond en 'vaart' af en toe een haven binnen met een andere jurisdictie. De jurisdictie aan boord van dat of jouw schip vervalt niet maar blijft gewoon rechtsgeldig. Zelfs als mensen van boord van het schip aan wal gaan, behouden zij hun rechten vanuit die jurisdictie. Een misdaad aan wal kan louter vanuit een andere jurisdictie beoordeeld worden, als tussen de beide landen of jurisdicties hierover vooraf contractuele overeenstemming bereikt is. Alles is aan boord geoorloofd binnen de kaders van de jurisdictie die daar geldt; die van het land van oorsprong. De kapitein of 'admiraal' van het schip heeft aan boord daarmee enige bevoegdheden als tijdelijke rechter. Dat is dus helder.

Voor de rest is het de wereld van de fictie; je wordt ondergeschikt gemaakt aan wazige woorden, termen en uitleg door degene die jou staande houdt. Echter een bekend gezegde stelt: "*Elk vogeltje zingt zoals het gebekt is*". Door een één-op-één conclusie te trekken dat alle woorden door de ene mens dus klakkeloos dezelfde betekenis hebben als voor een ander mens, is de grootste waanzin en zijn daarmee ongecontroleerde aannames zonder consensus vanuit die ander. Mits deze betekenis vooraf in een open overleg in een contract vanuit vrijwilligheid en helder bewustzijn is vastgelegd. Daarom is het zo belangrijk vast te houden aan de eigen jurisdictie van jezelf; die van jou als mens. En vertel je de betreffende ambtenaar tot driemaal toe in de jij-vorm – als uiting van gelijkwaardigheid tussen twee mensen – dat hij of zij niet bevoegd is met jou dergelijke zaken bespreekbaar te maken. Er is geen contract opgesteld dat door twee levende mensen middels een 'natte inkt'-onderschrijving door beide partijen ondertekend is. Er ligt geen contract aan ten grondslag, laat staan dat achteraf blijkt dat – door er Syntax Grammar op los te laten – een mogelijk contract een opeenstapeling van eenzijdige meningen en opinies blijkt te zijn, waaraan elke gelijkwaardige feitelijkheid ontbreekt. Het feit dat je iemand driemaal 'een waarschuwing' geeft, vindt haar oorsprong in de maritieme wetten; "*Driemaal is Scheepsrecht*". Ik heb het reeds beschreven. Die maritieme wetten bestaan in volle glorie, maar je dient ze wel te begrijpen. Vele rechters die door hebben dat jij hun taal niet spreekt, spreken dus geen maritiem recht uit, maar het recht dat een dode entiteit krijgt toegewezen; rechten-loos recht. Immers op het moment dat jij erkent dat je de persoon op je ID-kaart bent of die in het paspoort staat, begeef je je in hun fictieve jurisdictie; vrijwillig en zonder dwang. En dode entiteiten kunnen geen rechten hebben en dus krijg je ook geen rechtspraak van de rechter. Het is de harde waarheid.

De 'zielverkoop' door middel van je geboorte acte middels de door de overheid verplicht gestelde aangifte van de geboorte van een baby – is er een contract met alle ouders waarin deze verplichting is vastgelegd? – waardoor jij een dode entiteit wordt en de overheid vanuit de eeuwen geleden ingeleide activiteiten van het Vaticaan als bron van het echte kwaad – geld en macht – er met de Trust van jou als levende mens 'vandoor gaat', daar jouw ouders na zeven jaar nagelaten hebt om de overheid te melden dat jij als inmiddels zevenjarig kind springlevend bent en als enige echte levende mens de rechtmatige erfgenaam bent van dat

Trust met alle financiële voordelen, zoals deze worden gegenereerd op onder andere Wall Street door het inzetten van 'jou' als levend aandeel. Alle interacties tussen de overheid en haar instanties met jou zijn dus fictief; alleen 'fictief' kan met 'fictief' spreken. Als jij in de rechtbank blijft volharden dat je niet de dode entiteit bent op het papier van de rechter, maar een levend mens en dus iemand anders bent, dan kan de rechter niets doen. Deze twee werelden kunnen niet communiceren en dus ben je vrij om te gaan. Initieel zou je al kunnen vragen wie de rechter zelf is; als hij zegt dat hij rechter is en je controleert zijn 'ID-pas', dan staat daar hoogstwaarschijnlijk 'Rijksambtenaar' op. De eerste leugen is daarmee een feit. Dat staat nog los van de vraag die je stelt aan hem of haar wie hij of zij eigenlijk vertegenwoordigt. Op basis daarvan vraag je de contractuele overeenkomst met de rechter en jezelf aan de rechter. Deze bestaat niet; het is immers allemaal fictie. Men insinueert en de burger trapt er keer op keer in. De burger geeft de familienaam aan de overheid en daarmee is de overheid de eigenaar; zoals gezegd staat op je geboorte acte alleen je eigen voornaam of voornamen; dat is wie je als mens bent. De rest is voor de verwarring in het leven geroepen om het misbruik door overheid en rechtbank te maskeren. Geen contracten impliceren zelfs geen Syntax Grammar contracten.

De oorsprong van de opbouw van de jurisdictie in de laatste decennia is te lezen vanuit de Amerikaanse geschiedenis vanaf George Washington rond 1776. De Britse Kroon maakte aanspraak op het recht van rechtmatige eigenaar van de 'Verenigde Staten' te zijn, voor zover je dat toen al zo kon noemen. Vanuit die leemte – binnen de context van de bekende Amerikaanse burgeroorlog die bijna een eeuw later speelde – werden soldaten gerekruteerd middels een briefwisseling, dat vanuit de Post Master Office werd gestuurd; een constitutionele entiteit met haar constitutionele jurisdictie. Degene die ze ondertekende was de allereerste Post Master General; Benjamin Franklin (1775) ten tijde van George Washington die in dat jaar de opperbevelhebber van de koloniale strijdkrachten was. Franklin was houder van de 'flag'; de Amerikaanse constitutionele vlag. Hieruit blijkt de enorme symbolische kracht van vlaggen. Ook vanuit de maritieme wereld bezien. Het piratenschip hees eerst de 'Skulls & Bones'-vlag alvorens tot entering van een ander handelsschip over te gaan; een waarschuwing of boodschap vooraf dus. Ondanks de activiteiten van George Washington bleek 'the Corporate US of A' in 1999 opnieuw een periode van 70 jaar bankroet af te sluiten en was de vacature voor Post Master' gedurende twintig dagen een feit; ten behoeve van het opnieuw neerleggen van de nieuwe constitutie.. Deze vacature was uitgeschreven door wederom en toch weer 'the British Crown'. David-Wynn Miller en zijn apprentice Russell-Jay Gould kenden deze procedures door hun jarenlange onderzoeken en daartoe besloot Russel-Jay de vlag te veroveren die vacant gesteld was. Daarmee is hij sindsdien tot op heden de huidige Global Post Master General namens de Verenigde Staten en de achterliggende provinciën zoals Duitsland en Nederland. Immers de Nederlandse machthebber heeft het land achtergelaten en daarmee vervielen de Nederlandse grondgebieden aan Duitsland. En in de naoorlogse afwikkelingen – WO-ii – is Duitsland altijd een onderdeel van Amerika gebleven. Russel-Jay Gould staat aan het hoofd van de drie te volgen stappen aangaande de 'True Bill', die misdadigers krijgen toebedeeld via de bekende negen stappen van het Volkstribunaal; de 'drie-maal-drie-is-negen' uitkomst. Het getal '9' staat voor integriteit. De veroordeelde misdadiger heeft verantwoording afgelegd en ondergaat het vervolg en betaalt de echte rekening – True Bill – voor diens wandaden tegen de mensheid en tegen de menselijkheid. Uiteraard voldoet de gehele jurisdictie aan de regels van de correctheid, zoals Syntax Grammar van David-Wynn Miller dat bewerkstelligd heeft. Dat is het verhaal in een notendop.

Wat kunnen we er verder mee? Dat wat in het groot gebeurd is, blijkt ook in het klein te werken. Ondanks dat de 'fictieve tegenpartij' de realistische jurisdictie van Russel-Jay kent, wordt er geen fysieke strijd gevoerd; immers hoe makkelijk is het om hem te doden? Deze dood zou in het gehele en wereldwijde jurisdictioneel spel niets uitmaken. Het is dus ook toepasbaar in ons dagelijkse leven. Indien het tot een rechtszaak komt, is het zaak jouw schip met jouw jurisdictie in de haven van de overheid – de rechtszaal – te manoeuvreren om daar 'ge-droog-dokt' ('dry-docked') te worden; de rechter erkent de aanwezigheid in diens eigen jurisdictioneel ruimte van een andere jurisdictie met de bijbehorende aanwezige doc's of documenten. En dan begint het spel tussen twee verschillende jurisdicties. Natuurlijk gaat hier heel veel specifieke kennis aan vooraf. Het gaat initieel altijd om de feiten, de stellingen en de mogelijk aanwezige bewijslast. Het is het verhaal van de hier-en-nu perceptie en de zuiverheid van deze perceptie door hen, die mogelijk een overtreding geconstateerd hebben. Om met anderen tot een consensus te komen dien je jouw eigen waarheidswoordenboek te hebben opgesteld als onderdeel van jouw documenten binnen jouw jurisdictie. Wat David-Wynn Miller in de grote aantallen rechtszaken bemerkte, is dat menig rechter willens en wetens aan een al dan niet bestaand contract vasthield, waarbij de gedaagde volgens dat contract in gebreke zou zijn gebleven. David 'grammar-syntax'te de betreffende contracten vanuit het geschil – de rechtszaak – en daaruit bleek de veelvuldige herhaling van meningen en opinies, die insinueerden dat alles feitelijk was.

De wet is duidelijk over bewuste misleidingen en frauduleuze handelingen en daarmee confronteerde hij menig rechter met de vraag of hij of zij meeging in deze frauduleuze zaken met de vermelding wat de straf zou zijn als de rechter daarin mee zou gaan; vaak dertig jaar cel of een geldboete van boven de miljoen Euro. In zijn optiek bestaan de meeste contracten uit adverbs en verbs; of wel niets zeggende bijwoorden die hun invloed doen gelden op een werkwoord; de status of vorm ervan veranderen. Het werkwoord is dus geen feitelijkheid – statisch – maar een beweging – dynamisch – vanuit iemands gedachtepatroon; het is dus compleet subjectief. Wilfred heeft eerder al enkele boeken aan 'perceptie & subjectiviteit' gewijd. Daar elke rechtbank op basis van feitelijkheden dient te beoordelen, is het helder dat dit onmogelijk is. Menig contract bleek dus of wel insinuerend, frauduleus of misleidend te zijn en was daarmee dermate ongeldig dat de eiser er geen verplichtingen uit kon vorderen jegens de beklaagde. Het zat in de zuiverheid dat voor de beide partijen '3 + 3 = 6' diende te zijn en dat de rechter dat bekrachtigde, nadat David-Wynn Miller dat had aangetoond met zijn Syntax Grammar Correction methodiek.

Het is dus zaak om er zuiver en correct mee om te gaan. Vraag de burgemeester van je woonplaats naar het contract dat maakt dat jij gemeentebelasting betaalt. Als een dergelijk contract al mocht bestaan, dan is het allang helder, dat de insinuatie ervan afdruipt, zodat het lijkt – de aanname – dat belasting betalen een verplichting is. Zo kan dat ook met de algemene belastingdienst, de wegenbelasting en de vele afgeleide semi-overheidsorganisaties zoals waterschappen en dergelijke. Vraag hen naar de contracten, die door twee levende mensen met natte inkt zijn ondertekend; ze bestaan niet! Weiger een automatisch ondertekende brief; die is immers fictief en door een fictieve entiteit ondertekend. Stap niet in die valkuil door erop in te gaan, maar retourneer deze. Wederom gelden hier de twee belangrijkste wetsartikelen, zoals deze beide al eerder in het handvest vermeld en uitgewerkt zijn. Artikel 1 – Regel 1 & 2 – Burgerlijk Wetboek Boek 1 en Artikel 33 – Burgerlijk Wetboek Boek 3. Bestuursrechtelijke – publieke – rechtsvoeringen mogen de private rechten niet overrulen. De verplichte zorgpremie kan en mag niet opgelegd worden vanuit het publiekrechtelijke systeem van de overheid; het publiekrechtelijke systeem dient slechts te faciliteren, waarna ik als levend mens in plaats van een natuurlijk persoon zelf de keuze mag maken of ik me 'op commerciële wijze' tegen ziekte en ongevallen wil verzekeren. *"Een geboden voordeel mag geweigerd worden"*. De wettelijke bestuursrechtelijke zorgpremie (publiekrecht) is een onaanvaardbare doorkruising van het recht en bij wet verboden.

Hoe werkt de syntax? Deze uitleg is vanuit het Engels weergegeven, daar Syntax Grammar initieel vanuit het Engels is ontwikkeld. Vandaar dat ik die taalconfiguraties in eerste instantie hanteer. De Nederlandse taal is echter veel complexer; dit als belangrijke melding vooraf. Grote denkers zeiden het al; 'alles is energie' namens Nikola Tesla en 'alles is beweging' namens Henri Bergson. Zo geldt dat ook met klanken en tonen. De open klanken zijn de klinkers; ze klinken door vanuit jouw stem en indien jouw adem niet op is, blijven ze doorklinken. De medeklinkers daarentegen breken of sluiten af; woorden die met een medeklinker beginnen, vallen als het ware vanuit stilte ergens binnen. Woorden die op een medeklinker eindigen breken ook in de nieuwe stilte in – hoe klein ook en daarmee is de vooraf gaande klank afgesloten. Alles heeft een oorzaak met daaraan gekoppeld een gevolg. Deze beide aspecten leiden tot wat de mens als fenomeen of feitelijk verschijnsel beschouwt; de mens wordt getriggerd. Deze perceptie is dus van degene die de feitelijkheid waarneemt; vergezeld gaand met de omstandigheden of voorwaarden, waaronder deze perceptie plaatsvindt, als ook de positionele gegevens ten aanzien van de waarnemer zelf; met een lastig woord; 'lodial'. Daarmee is het feit op objectieve wijze uit de subjectiviteit gehaald of anders; de objectiviteit is als waarheid aan de kwaliteit van iemands subjectieve perceptie verbonden en dat is daarmee diens eigen waarheid of zelfs jurisdictie. Woorden die beginnen met een klinker en een medeklinker hebben daarmee geen bronenergie. Woorden die met een medeklinker en een klinker beginnen, ook niet. Woorden die met een dubbele klinker beginnen daarentegen wel. Denk aan authorization, oeti en oath. Kijk ik naar een woord als 'arrogant', dan is binnen het woord ook zelf een verdeling te maken; het deel 'ar' betekent 'niet', het deel 'ro' betekent ook 'niet' – er is geen bron aanwijsbaar – en 'gant' betekent 'contract' (gebondenheid). Het woord 'arrogant' impliceert dus tot 2 maal toe geen 'contract, geen verbinding of 'closure' of een objectief op zichzelf staand feit en is daarmee een mening en een opinie qua uiting. Alles wat een closure in zich draagt – of dat nu een woord of een zin is, betekent dat er feitelijkheid is en daarmee is een contract echt zonder meningen en opinies. Ook het woord 'contract' zelf is geen contract via 'con' wat 'geen' betekent en 'tract' wat 'contract' betekent. Niets is wat het lijkt, tenzij je het vooraf zelf definieert, alvorens anderen dat voor jou doen in de rechtszaal vanuit hun jurisdictie.

Het tweede deel van de zin betreft altijd een bevestiging of wel het = teken. Iets is gelijk aan iets anders; 5 + 2 = 7. Dat is onverbrekelijk. Gebruik dan ook slechts de vervoeging vanuit 'zijn' als de onbepaaldheidsvorm (infinitivus) van het werkwoord; in enkelvoud is dat 'is' en in meervoud is dat 'zijn'. Het gaat daarbij om de derde naamval; iets in het enkelvoud of iets in het meervoud. Er komen dus helemaal geen persoonsvormen aan te pas; zie de simpele som. De lidwoorden die in het Engels worden geduid met 'article', zijn dan ook 'een', 'de' of 'het', 'dit'/'deze' in enkelvoud en 'deze' in meervoud. Een artikel of lidwoord articuleert, verscherpt en legt de focus anders. Immers 'kooi' als een losse gedachte, een 'pronoun' – of 'noun' vanuit Immanuel Kant's begrip 'noun' – is iets anders dan 'de kooi'. Laat staan dat je er bezittelijke voornaamwoorden aan koppelt zoals 'mijn', 'jouw' en 'onze'. De 'kooi' krijgt dan de betekenis van degene aan wie de kooi toebehoort of deze vanuit diens eigen perspectief beschrijft. En dat is wederom subjectief en niet feitelijk. Het woord 'kooi' als pronoun' verandert door er een lidwoord voor te plakken in een verb of werkwoord; 'de kooi'. Daardoor wordt het lidwoord 'de' een adverb of het bijwoord – deze beïnvloedt immers 'kooi' en 'kooi' vervalt daarmee in een verb of werkwoord; de vrije energie van de gedachte – pronoun – die persoonlijk en daarmee subjectief is. Daarnaast zijn er de 'adjectieven' of wel de bijvoeglijk naamwoorden die 'kleuring' geven aan een woord of pronoun; 'de blauwe kooi', wat nog steeds zeer subjectief is. Immers een blind individu heeft geen idee wat de kleur 'blauw ' inhoudt. Het dient gepositioneerd te worden in iemands feitelijke context. Dat doe je met behulp van een voorzetsel; 'in de kooi', waardoor een pronoun verandert in een noun. Of lees de zin *"in de overweging van de aanklager"*, waarbij 'in' en 'van' de feitelijke positioneringen als ook het eigenaarschap daarmee feitelijk duiden. De meest gebruikte voorzetsels namens David Miller zijn 'met' (with), 'binnen' (within), 'van' (of) en 'door' (by). Als het woord 'aanklager' een niet alledaags woord zou zijn, dan verklaar je het woord volgens wat het voor jou aan betekenis heeft binnen het document; het is daarmee jouw waarheid en de daarbij gebaseerde jurisdictie.

De volgende onderdelen binnen Syntax Grammar zijn dan nog de aspecten van de tijd; het werkwoord 'zijn' in haar vervoeging impliceert de hier-en-nu tijd; 5 + 2 = 7. Niet toen dan wel eerder of later en in de toekomst, maar alles in het moment zelf. Woorden en werkwoorden die gerelateerd zijn aan het verleden of aan de toekomst zijn uit den boze; ze vertegenwoordigen alles behalve het hier-en-nu. Ze zijn helemaal makkelijk herkenbaar door de aanwezigheid van hulpwerkwoorden; *"Ik ga winkelen"* of *"Hij heeft gisteren 2 uur lang gefietst"* met als klapper de conjunctieve versies; *"Ik zou het anders gedaan hebben"*. Wat is nu eigenlijk werkelijk feitelijk in deze laatste zin? Ik lees een in de toekomst gelegen aspect in een verleden tijd geschreven – 'zou – 'die in een tegenwoordig voltooide tijd – 'gedaan hebben' – is weergegeven. Welke feitelijkheid zit hier nu werkelijk in? Zitten contracten niet vol met dergelijke wazige voorwaarden? Wat te denken van de zin: *"Ze zouden het misschien liever niet hebben willen doen"*. En natuurlijk kunnen negatieve uitingen helemaal niet bestaan zoals ook uit de vorige zin als voorbeeld blijkt; er zijn geen feiten te noemen die niet kunnen; geen acties die je *níet* kun doen. Als er 'No Parking' staat, kun je dus nooit in overtreding gaan, daar je nooit een negatieve activiteit kunt uitvoeren. Alles is feitelijk; er staat immers al 'No' als 'geen' en 'Parking' is een los eindigend woord zonder fatsoenlijke afsluiting van een medeklinker. David Miller noemde een dergelijk woord een DPV; een 'Dangling Participle Verb' als in analogie met een spartelende vis, die aan de staart wordt vastgehouden en eindeloos in beweging blijft. Er is dus geen contract of afsluiting, maar het is een suggestie van 'iets'. Dat geldt bij (vrijwel) alle Engelse werkwoorden door deze uit te breiden met '-ing'. Het impliceert een aanhoudende 'beweging' of activiteiten zoals in de zin *"I am working"*.

En tenslotte zijn er nog de twee verbindende woorden 'en' en 'of'. Hierbij is 'en' commanderend en is 'of ' optioneel. Beide woorden zijn toegestaan. Wat tenslotte het meest belangrijk is, is het feit dat je de zin achterste voren moet kunnen lezen waarbij de betekenis onveranderd blijft, later volgen de voorbeelden. Immers 5 + 2 = 7, immers 7 – 2 = 5 of (5+2=7 | 7-

2=5). De | impliceert de spiegeling. Zo basaal is Syntax Grammar ook. David Miller hanteerde in plaats van het plusteken of + de x. De x staat voor de vrije mogelijkheden die de x kan vertegenwoordigen. En dus schrijft hij (5 x 2 = 7 | 7 – 2 = 5). En daarmee kom ik voor nu aan het eind van deze woord-specifieke uitleg. Er zullen vast nog wel onduidelijkheden zijn, durf ik te erkennen. Ondanks dat volgt hierbij nog de gebruikte nummering om Syntax Grammar toe te passen.

0	en, of (and, or)
1	bijwoord (adverb)
2	werkwoord (verb)
3	bijvoeglijk naamwoord (adjective)
4	naamwoord (pronoun)
5	voorzetsel (preposition)
6	origine, locatie (lodial)
7	feitelijkheid (noun)
8	verleden (met soms toegevoegde hulpwerkwoorden)
9	toekomst (met soms toegevoegde hulpwerkwoorden)

De nummers 5, 6 en 7 vormen de kern van elk correct contract. De toekenning vanuit de zeven fasen van de zinsopbouw is als volgt.

1	oorzaak (introspectieve trigger)
2	gevolg (innerlijke onbalans)
3	gedachte (vaststellen van 1 & 2 vanuit de gedachte)
4	eigenaarschap (origine + locatie)
5	voorwaardelijkheid/criteria
6	feitelijkheid (noun/act)
7	bevoegdheid (autoriteit)

In de volgende twee zinnen heb ik verbindingsstreepjes geplaatst binnen een voorzetsel-term om de tekst in het Nederlands beter leesbaar te krijgen.

"*Met-betrekking-tot de bijeenkomst voor de coöperatie ten-gunste-van de effectiviteit is (zit) in de creatie van de taken vanuit de noodzakelijkheid.*"

"*Met-betrekking-tot de noodzakelijkheid voor de taken ten-gunste-van de creatie is (zit) in de effectiviteit van de coöperatie vanuit de bijeenkomst*".

Hierbij doet het verbindingsstreepje waar het voor bedoeld is; de termen of woorddelen aan elkaar verbinden die als één term of entiteit gelezen dienen te worden. Daardoor blijft de term als 'voorzetsel' van kracht; slechts in een uitgebreider uitgeschreven vorm. Daarnaast komt de tilde of ~ voor in geval je een locatie wilt duiden. En tenslotte kent men de 'brackets' of wel de beide tekens [en]. De [en] duiden op een afgesloten stuk tekst dat op zichzelf staat; vaak ingesloten met een dubbele ". Het kan beschouwd worden als een gesloten box of vak, waardoor de directe verbinding met de rest van het document ontbreekt. Het is ondanks dat wel een onderdeel van het gehele document. Vooral dit laatste is zeer belangrijk te begrijpen. Indien bij contracten wordt gevraagd om je handtekening – zeg maar de onleesbare krabbel of tekening – dan stap je terug in de box of 'coffin'; de doodskist. Je ondertekent dus niet het gehele document zelf, daar deze in een met met lijnen omgeven vak of hokje 'with four corners' staat, dat jou isoleert van de rest van het document. Je was een dode of fictieve entiteit en dat heb je nogmaals bekrachtigd.

Daarnaast spelen de : (double colon) en de ; (semi colon) een belangrijke rol. Als je de seminars van :David-Wynn :Miller en :Russel-Jay :Gould bekijkt, dan zie je dat hij zijn naam begint met een : zonder spatie erachter geplaatst. Het verbindingsstreepje tussen hun beide voornamen impliceert dat die beide namen als mens een eenheid zijn. Feitelijk vertegenwoordigt dat wat direct achter de : komt, een op zichzelf staand feit of feitelijke waarneming als verschijnsel. Zijn naam is dus feit dan wel feitelijk in diens bestaansrecht; jurisdictioneel bezien. Als je jouw naam handmatig schrijft, zou dat eigenlijk niet hoeven, daar jij een levend mens bent die dat doet. Het feit van de hand geschreven signatuur – de Engelse 'signature' is een cursief geschreven onleesbare krabbel (Nederlandse handtekening) en hun 'autograph' (beginnend met 'au' van goud – zie periodiek systeem) is wat ik hier bedoel met een met de hand uitgeschreven naam – is het feit dat je een levend mens bent. Elke printer kan met gemak iemands naam printen, als ware het de levende mens die dat doet. Een op papier genoemde naam die door een computer of printer wordt weergegeven, vertegenwoordigt een fictieve persoon maar geen feitelijke – de facto – mens. Vermijd en negeer dergelijke correspondentie, daar dergelijke correspondentie losstaat van persoonlijke aansprakelijkheid namens de levende mens die achter deze naam schuilgaat. Het : teken impliceert daarmee een op zichzelf staand feit. Ik zeg: *"Het is waar"* als voorbeeld. *"Het is waar"* staat daarmee op zichzelf. De ; impliceert een vervanging van een voegwoord; van een conjunctie zoals 'en' en 'of'. Het zinsdeel achter de ; bouwt door op het deel wat ervoor staat. Ook 'maar' kan beschouwd worden als een voegwoord, echter 'maar' splijt of bekritiseert dat wat voor de komma staat. 'Maar' maakt wel gebruik van de komma en bij 'en' en 'of' kan de komma (het Griekse woord 'komè' of haar-plus-haarzakje qua vorm, ook 'komeet') vervallen. De afscheiding van woorden impliceert de enkele spatie; de enkelvoudige spatie. In jouw teksten dienen dan ook dubbele spaties vermeden te worden.

In het begin van de tachtiger jaren deed ik een paar maanden opleiding die gerelateerd was aan machine-programmering. Het instrument dat daarvoor werd gebruikt was een Motorola kit. Daar kwam ik ook voor het eerst het woord 'Syntax Error' tegen. In deze context van programmering ging het om adresposities en hun inhoudelijke codes. Alles werd verwoord via de ASCII code of wel *"American Standard Code for Information Interchange"* als programmeertaal; de hexadecimale of zestien-voudige entiteiten coderingen, waarbij deze opliepen van nul tot en met negen (<0-9>) en tien tot en met vijftien werden geduid middels A tot en met F (<A-F>). Al deze waarden kunnen binair worden vastgelegd in het digitale telsysteem. Dat geldt dus niet allen voor de getallen maar ook voor alle letters, de interpuncties et cetera. De ASCII code maakt zelfs onderscheid in kleine letters en hoofdletters. Binair bezien heeft de hoofdletter a of A –

1000001 (decimaal: 65) – een geheel andere waarde dan de letter a – 1100001 (decimaal 97). Hoe kan het dan zijn dat de overheid bij onder andere de belastingdienst hoofdletters gebruikt? Dat is omdat het kan; ze refereren middels deze code aan jouw fictieve entiteit. De letters insinueren dus dan wel – ondanks het verschil in karakter – dat het lijk dat het over jou gaat, maar dat is dus onwaar. Wederom is het de verwarring en de misleiding vanuit de letterlijke letters en woorden; in dit geval vanuit de identieke uitspraak, waarbinnen een hoofdletter dezelfde eenduidige toon voortbrengt in de uitspraak als de gewone letter.

Zoals gezegd heeft elke box of vak dan wel vlak haar eigen jurisdictie. Kijk naar alle blokken die de Amerikaanse staten alle ten opzicht van elkaar hebben. Elke staat heeft haar eigen jurisdictie met daarboven de algehele constitutionele jurisdictie. Alles wat binnen de vier hoekpunten van een A4-papier valt, valt onder de jurisdictie van dit A4-document. Het betreft 'the four corners'-principle; elk papieren blad kent vier hoekpunten, ook de rechtszaal. Niet acht hoekpunten als levendigheid maar vier, die de tweedimensionale papieren entiteit vertegenwoordigt. Maar dan moet het wel duidelijk zijn dat jij de Post Master van dat document bent; of dit nu bij jou thuis ligt of in de 'haven' of wel de rechtbank met een andere jurisdictie. Dat doe je door rechtsboven een eenheidspostzegel te plakken; op de brief zelf. Schrijf daar lichtschuin over en doorheen met een blauwe-inkt-pen je eigen naam met achternaam al dan niet met 'vdf' (van de familie) tussen je voorna(a)m(en) en achternaam. Deze signatuur is leesbaar doordat het geen krabbel is, maar een handgeschreven naam. Tenslotte druk je met blauwe inkt je rechterduim afdruk er dwars over heen. Postzegel, naam en duimafdruk zijn hierdoor onafscheidelijk gekoppeld via het papier.

Onderaan de brief pas je hetzelfde toe als hierboven, echter zonder postzegel. Het feit dat de postzegel gebruikt wordt, impliceert dat de postzegel – jij hebt aan de Post Office geld betaald voor het transporteren van een boodschap van A naar B – een jurisdictie vertegenwoordigt die aan jouw eigen document gekoppeld is. Het vertegenwoordigt de hoogste vlag van de Post Master, waarvan Russel-Jay Gould de huidige vertegenwoordiger is. Niemand mag jouw document fysiek dan wel tekstueel beschadigen. Daar staat een enorm hoge straf op. Het heeft zoals gezegd de waarde vanuit George Washington vanuit de constitutionele wet en het leger met al haar krijgsmachten dat deze constitutie dient te bewaken tegen aanvallen van buitenaf. Informatie verstrekking was en is van levensbelang! Vandaar dat de Post Master de meest belangrijke functie had; het verzorgde berichten waar dood en leven van afhingen. Zo geldt dat nog steeds. Tenslotte was het gebruikelijk om een papieren vel op te rollen, waardoor de naam van de afzender niet meer zichtbaar was. Daartoe doe je hetzelfde als onderaan de briefvoorzijde. Je zet rechts bovenin op de achterzijde van de brief een blauwe rechterduim afdruk en zet wederom met een blauwe-inkt-pen je naam lichtschuin erdoor heen. Zo is het document van alle kanten 'verzekerd' en is de jurisdictie dat ook, die het document of de brief vertegenwoordigt en in zich draagt.

Stuur je de brief vervolgens aangetekend op, zorg dan dat je de code van het verzendbewijs handmatig boven aan de brief schrijft en waarna je pas dan de enveloppe geheel dichtplakt. Enveloppe en document zijn daarmee eenduidig gekoppeld. Dit gaat over een brief van slechts één papieren blad. In geval de brief uit meerdere bladen bestaat, dan dient het als 'boekwerk' aangeboden te worden. Het gebruik van nietjes wordt in principe niet toegestaan, immers deze zijn makkelijk en onzichtbaar los te halen zonder dat er schade aan het document zichtbaar is. Hierdoor kunnen bladen verwijderd of toegevoegd worden. Het mooiste is om de ruggen van de bladen te lijmen en met naald en draad de meerdere bladen (handmatig) aan elkaar te stikken en lijm daarna ook de draad vast aan de eerder gelijmde rug. Je creëert daarmee nu een echt boek als document. Elke ongewenste interactie zal als beschadiging zichtbaar worden. Op elke rechter bovenhoek van de achterzijde van elk blad schrijf je opnieuw je naam 'in blauwe inkt' en zet er een blauwe rechterduimafdruk doorheen. Op een dikker pakket zou je zelfs op het allerlaatste blad wederom een postzegel kunnen plakken in gelijkenis met de voorzijde van het eerste blad van de brief. Op deze manier voldoet de briefverzending op alle mogelijke manieren aan de maritieme wetten. Het geeft blijk dat een levende mens een boodschap verstuurt. Dit in tegenstelling tot de vele automatisch aangemaakte brieven zonder de echte signatuur van de verantwoordelijke. Dat werk wordt dus afgehandeld door een secretaresse zonder bevoegdheden. Een automatisch aangemaakte brief met alles behalve een levensechte actie van de verantwoordelijke met wie jij correspondeert, kun je negeren. Levende mensen communiceren met levende mensen, niet met fictieve systemen. Vermijd dus deze communicatie, want je verlaagt jezelf naar dezelfde fictiviteit. Het betekent veelvuldig dat er geen onderliggend contract is en daarmee ontbreekt de bevoegdheid iets over te zeggen wat jou aangaat. Dus wordt er op een fictieve manier naar jou gecommuniceerd in de hoop dat je je ook kenbaar maakt binnen die dimensie. Want dan hoeven zij zich niet te verantwoorden; je vertegenwoordigt immers je dode entiteit; een natuurlijk persoon en geen levend mens. In het volgende overzicht zijn de aspecten nogmaals na te lezen, zoals deze op de website van :David-Wynn :Miller vermeld staan.

Sentence Structure

~2-~JANUARY-~2000

FOR THE POSITION-LODIAL-FACT-PHRASE OF THE CORRECT-SENTENCE-STRUCTURE-COMMUNICATION-PARSE-SYNTAX-GRAMMAR-PERFORMANCE-CLAIMS.

~1 = ADVERB =modification= no-contract=FICTION

~2 = VERB =action-thinking = IS=SINGULAR, ARE=PLURAL "WHEN THE FACT IS MODIFIED INTO THE VERB-FRAUD=CRIMINAL-VOLITION=CRIME, GERUND-NOUN=NO-NO.

~3 = ADJECTIVE = MODIFIER=FRAUD-no-contract =:coloring of the fact.

~4 = PRONOUN =pro=no, no=no, un=no, NO-FACT. FOR A FACT THAT STANDS ALONE IS WITH THIS CLAIM OF THE NO-CONTRACT-FACT=pronoun.

~5 = POSITION =ABC-SPELLING, TERMS, MEANING, rules, PERFORMANCE-METHODS, POSITION-LODIAL-FACT=PHRASE=1/900-CORRECT-TERMS

~6 = LODIAL = OWNERSHIP, LO=LOCATION, DI=ORIGINAL, AL=CONTRACT

CORRECTION = LODIAL = OWNERSHIP FROM THE BEGINNING, ORIGINAL-VENUE.

~7 =FACT [NOUN]= no-no, WITH A LINE OVER THE "OWN"=LODIAL

~8 = PAST-TIME-TENSE = FICTION-TIME

~9 = FUTURE-TIME-TENSE = FICTION-TIME

~0 = CONJUNCTION = AND=COMMAND, DUTY, OR=OPTION, CHOICE, EITHER

5 6 7 5 6 7 2 5 6 7 5 6 7 =:BOTH-WAYS: = 5 6 7 5 6 7 2 5 6 7 5 6 7

:NOW-TIME-TENSE: (DO NOT USE "PRESENT" = PRE=NO; SENT=CONTRACT), REAL=RE=NO, AL=CONTRACT

Zie ook https://dwmlc.com/dwm/pages/category.php?category=6

Vrijwel geheel onderaan de vorige tabel zie je de constructie en configuratie zoals een correct contract er uit hoort te zien; louter 5-en, 6-en en 7's. De '2' impliceert daarbij het werkwoord 'zijn/is'. Alles is feitelijk, objectief en daarmee correct verwoord. Onder de tabel staat een formele brief van Hugo de Jonge, die louter – gelet op de nummers – uit meningen en suggesties bestaat.

> De Tweede Kamer heeft op 7 en 8 oktober 2020 het wetsvoorstel behandeld en een aantal wijzigingen aangebracht in het wetsvoorstel. Op 13 oktober 2020 heeft de Tweede Kamer ingestemd met het gewijzigde wetsvoorstel. En op 27 oktober 2020 heeft de Eerste Kamer het wetsvoorstel aangenomen.
>
> Het wetsvoorstel is ook door de Koning ondertekend. U heeft de Koning gevraagd het wetsvoorstel niet te ondertekenen. Indien de Koning daarvoor zou kiezen, zou hij daarmee een politieke mening uitspreken. Dat zou niet passen in ons staatsbestel, waarin de politiek-verantwoordelijke ministers en gekozen volksvertegenwoordigers bepalen welke wetten er tot stand komen.
>
> Ik vertrouw erop u hiermee voldoende te hebben geïnformeerd.
>
> Hoogachtend, de minister van Volksgezondheid Welzijn en Sport,
>
> Hugo de Jonge

Het is een lastige aanpak; deze Syntax Grammar Correction methodiek, als je taalknobbel niet heel sterk is of als je weinig gevoel voor taal lijkt te hebben. Maar al spelenderwijs kom je er samen met anderen wel uit. De winst voor jezelf is altijd je progressie in je eigen bewustzijnsprocessen door met taal en woorden te stoeien en te spelen. Het zal je hoe dan ook verder brengen qua inzichten binnen de huidige maatschappelijke ontwikkelingen, gelet op de opgelegde en uitgesproken maatregelen door de overheid en het ontbreken van de legitimiteit deze over jou uit te roepen. Succes.

Made in United States
Orlando, FL
04 November 2026

90204525R00055